歩いて、食べる

東京のおいしい
名建築さんぽ

甲斐みのり

TOKYO
HISTORICAL
ARCHITECTURES
AND
CAFETERIAS

X-Knowledge

JN217604

はじめに

東京には、歴史があって
見目麗しい建築物がいくつも残る。
普段、買い物に訪れたり、
何気なく歩いている街や道にある建物が
実は見どころが多く、壮大な物語を秘めていたりするのも面白い。
正面から見上げたり、角度を変えて眺めてみるのも楽しいけれど、
建築はその中で、人がさまざまな営みをおこなうための場所。
内部に身を置き、ゆっくり時を過ごしてみると、
居心地のよさや、時代の流れを感じられる。
朝から夕にかけて、表情を変えながら窓から差し込む光の美しさ。
瀟洒な照明からこぼれる灯りが、壁に作る模様。
階段や手すりの、有機的な曲線や、凛々しい直線。
屋根瓦、タイル、扉、窓枠、床、壁紙、家具……
建築を織り成す一つ一つが、愛おしく思えて、
さらにもっと、異なる街の、違った建物に出会いたくなる。
そうして東京の名建築を巡り、見学するのが趣味になり
中にカフェやレストランがあれば、必ず立ち寄るようになった。

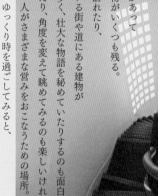

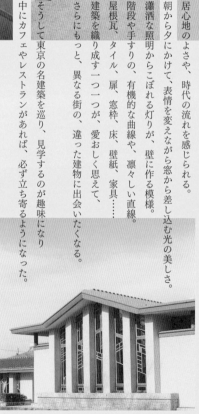

お茶や食事に興じるうちに、
ぐっと建物と親密になれる気がする。
子どもの頃に夢見たお城のようだ、
こんな家に住めたら……
などという空想も、
そこにいる間はリアリティーをともなう。
滞在中、設計者への礼賛や、
職人への敬愛がじわじわと募り、
次第に建築物を擬人化して、
心の内で話しかけていたりするほど。
人の想いが詰まっているから、人間らしさが滲むのも当然だ。
最近は歴史的建築物保存の機運が高まりつつあるけれど
それでも、人と同じように建物に永遠は約束できない。
〝いつか〟ではなく〝今〟、可能な限り
足を運んでそこで過ごし、まだ未体験の方には
魅力を伝えられたらと思うように。

名建築の趣とともに、
おいしい食事・お茶・持ち帰りを味わえる
この本を手に東京の建築散歩をお楽しみください。

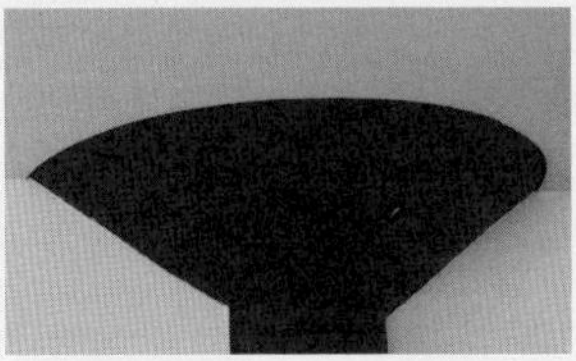

もくじ

東京文化会館 P104
< 上野 >

「パンダパンケーキ」 P111
カフェ ヒビキ
「オリジナル チャップスイ」 P112
「パンダロールケーキ」
レストラン フォレスティーユ

№ 14 C

赤坂プリンス クラシックハウス P113
< 永田町 >

「クラシックアフタヌーンティー」 P119
ラ・メゾン・キオイ

№ 15 C

学士会館 P120
< 神保町 >

「クラークカレー」 P127
カフェ＆ビアパブ
セブンズハウス

№ 16 C

山の上ホテル P128
< 御茶ノ水 >

「苺のショートケーキ」 P136
ロビー

№ 17 C

アンスティチュ・フランセ東京 P137
< 飯田橋 >

「ランチコース Détente」 P142
ラ・ブラスリー

№ 18 C

国際子ども図書館 P143
< 上野 >

「クリームソーダ」「子どもめし」 P149
カフェテリア ベル

№ 19 C

江戸東京たてもの園 P152
< 小金井 >

「特製おいものパフェ」 P162
「ミルクカルピス」
武蔵野茶房

№ 20 D

自由学園明日館 P163
< 池袋 >

「焼菓子とお茶のセット」 P168
ホール喫茶スペース

№ 21 D

小笠原伯爵邸 P169
< 河田町 >

「ケーキセット」「小菓子セット」 P175
OGA BAR

№ 22 D

立教大学 P176
< 池袋 >

「カツ丼」 P184
第一食堂

№ 23 D

プーク人形劇場 P185
<新宿 >

「イタリアンソーダ」 P190
コーヒー ブンクト

№ 24 D

旧白洲邸 武相荘 P191
< 町田 >

「次郎の親子丼」 P197
「武相荘のどら焼き」
レストラン＆カフェ 武相荘

№ 25 D

Staff

写真：鍵岡龍門
デザイン：漆原悠一、栗田茉奈（tento）
地図制作：アトリエ・プラン
イラスト（P44）：増田奏

表紙写真：（左）山の上ホテル
（右）日本橋三越本店 特別食堂 日本橋
《東京會舘》「マロンシャンテリー」

Attention!
名建築見学に際しての注意事項

●建物見学においては、見学できる日時が変動することがあります。事前に公式WEBサイトなどで最新情報を確認のうえ、訪問することをお勧めします。
●料理の価格、入館料などは基本的に税込金額を記載しています。
●本書に掲載した内容は、2018年6月現在のものです。建物が改装・改築したり、各所の情報、価格などが変動することもありますので、ご了承ください。

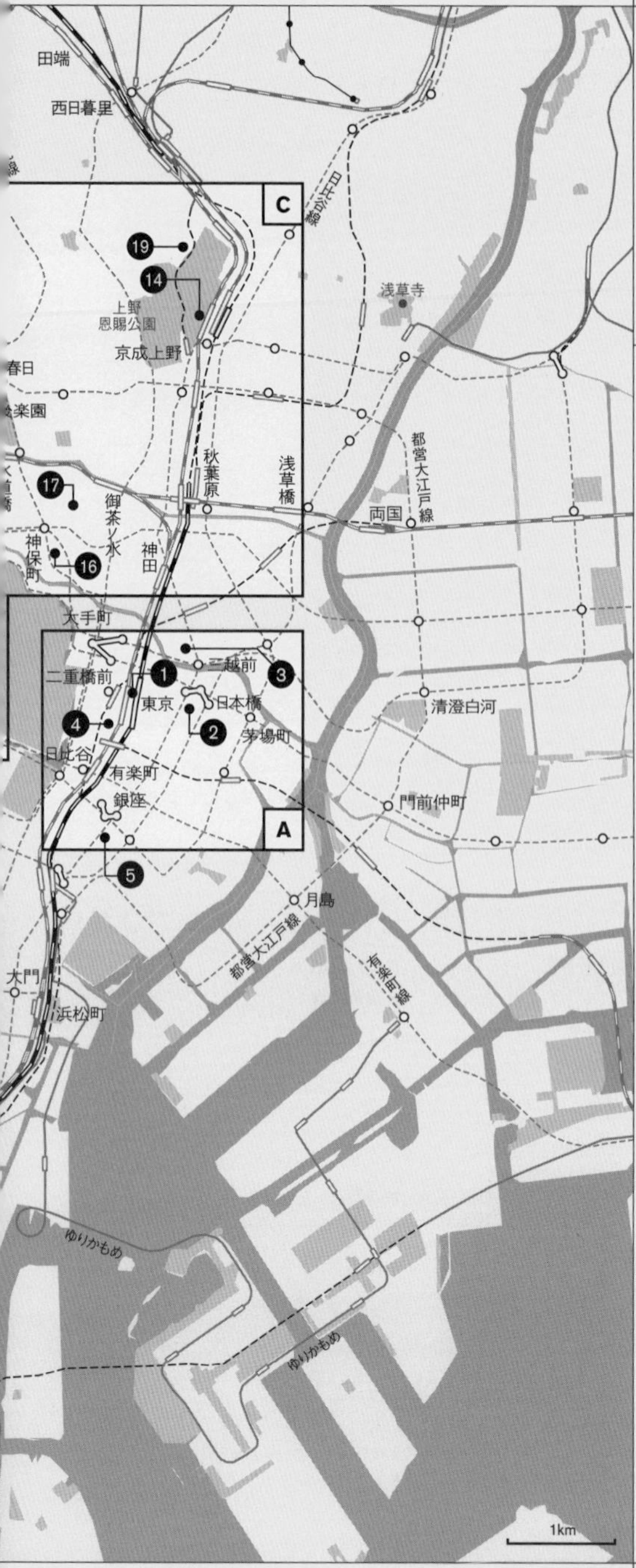

東京おいしい名建築MAP

A〈丸の内・日本橋・銀座エリア〉

❶東京ステーションホテル（丸の内）
❷日本橋髙島屋（日本橋）
❸日本橋三越本店（日本橋）
❹KITTE［旧・東京中央郵便局］（丸の内）
❺ビヤホールライオン銀座7丁目店（銀座）

B〈品川・渋谷・六本木エリア〉

❻国際文化会館（六本木）
❼岡本太郎記念館（表参道）
❽目黒区総合庁舎［旧・千代田生命本社ビル］（中目黒）
❾東京都庭園美術館（白金台）
❿原美術館（品川）
⓫グランドプリンスホテル新高輪（品川）
⓬ミュージアム1999 ロアラブッシュ（青山）
⓭名曲喫茶 ライオン（渋谷）

C〈上野・皇居周辺エリア〉

⓮東京文化会館（上野）
⓯赤坂プリンスクラシックハウス（永田町）
⓰学士会館（神保町）
⓱山の上ホテル（御茶ノ水）
⓲アンスティチュ・フランセ東京（飯田橋）
⓳国際子ども図書館（上野）

D〈新宿・池袋・その他エリア〉

⓴江戸東京たてもの園（小金井）
㉑自由学園 明日館（池袋）
㉒小笠原伯爵邸（河田町）
㉓立教大学（池袋）
㉔ブーク人形劇場（新宿）
㉕旧白洲邸 武相荘（町田）

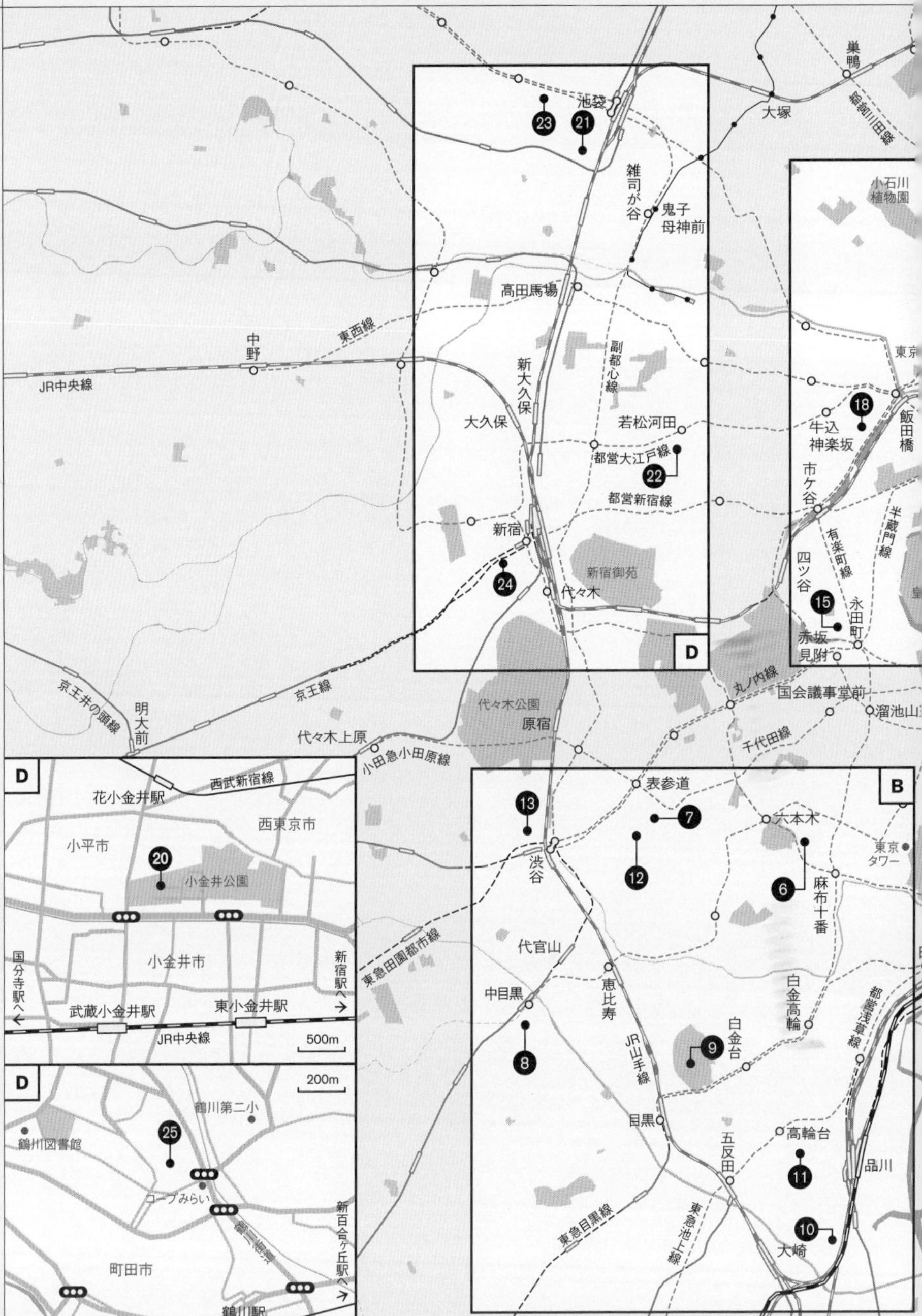

巣鴨
池袋
大塚
雑司が谷
鬼子母神前
小石川植物園
高田馬場
東西線
中野
JR中央線
新大久保
副都心線
大久保
若松河田
都営大江戸線
都営新宿線
牛込神楽坂
飯田橋
市ケ谷
半蔵門線
有楽町線
四ツ谷
新宿
新宿御苑
代々木
永田町
赤坂見附
京王井の頭線
明大前
京王線
代々木公園
原宿
丸ノ内線
国会議事堂前
千代田線
代々木上原
小田急小田原線
表参道
六本木
東京タワー
渋谷
麻布十番
代官山
東急田園都市線
中目黒
恵比寿
白金高輪
都営浅草線
白金台
JR山手線
目黒
五反田
高輪台
品川
東急池上線
東急目黒線
大崎
D
B
23
21
22
18
24
15
13
7
12
6
9
8
11
10
D
西武新宿線
花小金井駅
西東京市
小平市
20
小金井公園
小金井市
国分寺駅へ
新宿駅へ
武蔵小金井駅
東小金井駅
JR中央線
500m
D
200m
鶴川第二小
鶴川図書館
25
コープみらい
新百合ヶ丘駅へ
町田市
鶴川駅
小田急小田原線
町田駅へ

丸の内・日本橋・銀座エリア

Marunouchi, Nihombashi, Ginza Area

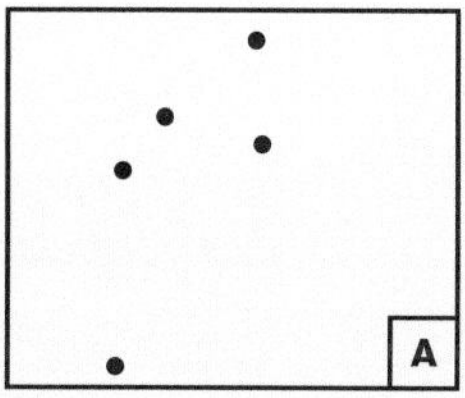

№ 1

東京ステーションホテル

The Tokyo Station Hotel

< 丸の内 >

東京都千代田区丸の内1-9-1

戦災で一部が消失した東京駅丸の内駅舎。戦後60年間は2階建て八角屋根の駅舎に形を変えるも、国の重要文化財指定を機に、創建当時と同じ優麗な姿が復活した。

100年の歴史を持つ宿泊できる文化遺産

ターミナル駅ならびに、ホテルや美術館の役割も持つ東京駅。設計者は、日本近代建築の父・辰野金吾。重要文化財指定の建物内部にある日本唯一のホテル「東京ステーションホテル」が誕生したのは、東京駅開業の翌年、大正4年。日本の玄関口らしく最先端の設備で、国内外の客人を迎えるヨーロッパスタイルのホテルは、川端康成ら多くの文豪に愛された。丸の内駅舎の保存・復原工事に合わせて休館するも、平成24年にリニューアルオープン。駅舎の典雅なドーム状の屋根がよみがえり、客室もより優雅に心地よく。チェックイン時に建築の見どころを記した「館内ツアーガイド」がもらえる。駅構内を見下ろす客室や施設は、建築・鉄道・歴史・文学・旅行ファンの憧れの的だ。

(P13)1・2階は創建時のレンガが残り、3階の復原部分は新しい化粧レンガを使用。**(右)**宿泊者がチェックイン時にもらえるホテル館内案内のパンフレット。　**(左)**ドームの床。戦後の駅舎復旧工事で作られたジェラルミンと鉄板製の天井がモチーフ。

1. ステッカー
2. 原稿用紙風メモ
3. オリジナルペン

丸の内駅舎の南ドーム

「とらや」の味を、赤レンガに囲まれて

(右) 戦災の跡が残り歴史を物語る創建時の赤レンガをむき出しに。電車や待合室のベンチシートをイメージした客席も。　(左) 店内設計は内藤廣氏。東京駅丸の内駅舎のドームの絵が映える。

アクセス：JR「東京」駅（丸の内南口）直結、東京メトロ丸ノ内線「東京」駅より徒歩3分
設計者：辰野金吾（東京駅駅舎）
竣工年：1915年

（P 14） クレマチス、大鷲、干支などのレリーフをあしらったドーム部の天井。**（上）** ホテル2階のバー＆カフェ前。創建時のドームレリーフを作品として展示。

小形羊羹「夜の梅」
（5本入り1,404円）

トラヤ トウキョウ

㊓ 南ドーム2階回廊
㊑ 03-5220-2345
㊮ 月-金｜10:00-21:00
（L.O.20:30）
日・祝｜10:00-20:00
（L.O.19:30）
㊡ 無休

「とらや」「とらやパリ店」「TORAYA CAFÉ」3つのブランドを一度に味わえる「TOKYO プレート」（1080円）。レンガ色の紙袋は店舗限定。

東京のターミナル駅で
ゆったり優雅に寛げる空間

ロビーラウンジ

卵、生クリーム、バニラなど合わせた液に、ブリオッシュ生地を丸一日ひたしてオーブンで焼いた、飲み物付きの「フレンチトーストセット」（２６５０円　サービス料別）。ホテルメイドのメープルバターとともに。

丸の内駅舎開業当時は、列車の発着を待つ人たちの待合室だった、ホテルのロビーラウンジ。その後は一般客は利用しない駅の施設として使用されていた。エレガントな英国式ヨーロピアン・クラシックのラウンジに生まれ変わったのは、平成24年のホテルリニューアルオープン時。高い天井や縦長の窓が、100年のときを今に伝える。ホテル宿泊時はもちろんのこと、いつでも利用できるのが嬉しい。待ち合わせや打ち合わせ、一人でも気のおけない仲間とも。朝食、ランチ、喫茶、ディナーと、それぞれの時間、東京の中心でゆったりとしたときが流れる。

㊔ 03-5220-1260
㊖ 月-金｜8:00-22:00
（フードL.O.21:00、ドリンクL.O.21:30）
土｜9:00-22:00（L.O.は平日と同じ）
日・祝｜9:00-20:00
（フードL.O.19:00、ドリンクL.O.19:30）
㊡ 無休

№ 2
日本橋髙島屋
Takashimaya Nihombashi Store

< 日本橋 >

東京都中央区日本橋2-4-1

1・2階のエレベーターホールは木目を思わせる大理石を使用。エレベーターを手動で操作する顧客係の制服は、ファッションデザイナーの芦田淳さんのデザイン。

時を刻み続ける
和洋のモチーフ

江戸末期に京都で創業した髙島屋が、東京の日本橋に日本初・冷暖房完備の店舗を構えたのは昭和8年。当初は日本生命が建設した「日本生命館」を借り受けていた。

設計図案競技で当選したのは、「東洋趣味ヲ基調トスル現代建築」がコンセプトの、高橋貞太郎の案。西欧の歴史様式に日本建築の意匠を贅沢に取り入れた。案内係が手動で操作する6基のエレベーターは、創建時のカゴを改修しながら使用されている。

戦後から高度経済成長期には、高橋の建築様式を継承しながら、村野藤吾の手で近代建築の手法を用いて増築・改築を重ね、今の姿に。両名の調和したデザインは「増築建築の名作」と評される。平成21年には百貨店建築として初の重要文化財の指定を受けた。

古き良き百貨店の姿がここに

コンシェルジュがご案内

(P18) 正面口の欄間や鉄扉は和洋折中のデザイン。奥にはアーチ型の水飲み場跡が。(上) 毎月第2金曜日には、11時〜と15時〜、コンシェルジュによる重要文化財見学ツアーを開催（要予約）。 (左) 中央通りに面した正面口。 (下) 日本橋店限定のメゾン柄の紙袋。画は橋本シャーン氏。

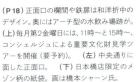

(左上) 吹き抜けのエントラスから地下に続く階段。地下から2階まで3層分の広々とした空間が生まれる。 **(右下)** 大理石貼りの壁。渦を巻いて見えるのは巨大なアンモナイトの化石。 **(左下)** 戦時中の金属類回収令でシャンデリアを徴収。現在は村野藤吾のデザイン。 **(P21)** 1階から2階まで吹き抜けになったエントランス。天井は漆喰に彫刻が施された格天井。

リズミカルに連なる
優雅なアーチ

(右) 村野藤吾による増築部分。バルコニーには笠置季男の蛇の塑像。**(右下)** コンシェルジュによる重要文化財見学ツアー。「昭和20年代には屋上で象の高子を飼育していたんですよ」。 **(下)** 扉の向こうが屋上。小森忍による屋上噴水がある。

アクセス：東京メトロ銀座線・東西線B2出口直結、都営地下鉄浅草線「日本橋」駅より徒歩4分、JR「東京」駅（八重洲北口）より徒歩5分
設計者：片岡 安＋高橋貞太郎＋前田健次郎、村野藤吾（増築）
竣工年：1933年
営業時間：10:30-19:30
※地下2階・8階レストラン街は11:00-21:30
定休日：不定休

村野藤吾による建物北側の空中階段。踊り場裏の照明や、つなぎ目のない手すりなど、建築ファンの間で評判。

高島屋の歴史を知りたいなら

レストランローズ

㊋ 地下2階 レストラン街
㊒ 11:00-21:30(L.O.21:00)
㊡ 日本橋高島屋に準ずる

和・洋・中華を取り揃えたファミリーレストラン。店内には古い写真やジオラマを展示。かつてあった「お好み大食堂」の復刻メニューも味わえる。

名門ホテルの味を気軽に楽しめる

特別食堂《帝国ホテル》

スープ、メインプレート、デザートと、コース仕立てで提供されるのが贅沢な「お子様プレート」。ケチャップライスに寄り添う造花も愛らしい。

「帝国ホテル」のフランス料理、「大和屋 三玄」の日本料理、「五代目 野田岩」のうなぎを、一つの場所で味わえる「特別食堂」。格調ある設えの中、席も気持ちもゆったりで、名店の味を堪能できる。かつて所在した新館の再開発を機に、本館8階へ移動。昔は本館の地下にも大食堂があり、そちらと区別を図るため“特別”と名に付いた。帝国ホテルの「お子様プレート」は、大人と同じシルバーや器を使用。年齢問わず注文可能で、密かに人気が高い品。

㊔ 03-3211-4111（代表）
㊖ 11:00-21:30（L.O.20:30）
※「五代目 野田岩」はL.O.20:00
㊡ 日本橋高島屋に準ずる

手みやげならこれ

焼菓子、生菓子、アイス菓子が取り揃う、いちご菓子の店。贈り物に喜ばれる、見目麗しいお菓子がずらり。パッケージを手がけているのは、渡邉良重さん。

「ジヴェルニー」
（大：5,400円・小：2,484円）

オードリー
㊔ 03-3211-4111（代表）
㊖㊡ 日本橋高島屋に準ずる

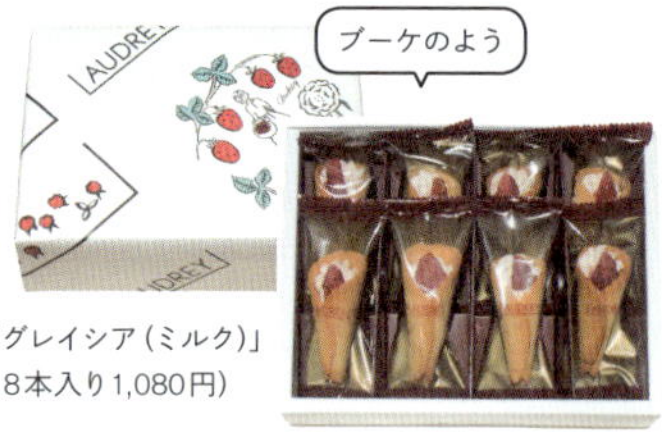

「グレイシア（ミルク）」
（8本入り1,080円）

三越は、「お子様ランチ」発祥の店と言われている。元祖の味を新館5階「ランドマーク」で味わえる。

№ 3

日本橋三越本店

Nihombashi Mitsukoshi Main Store

< 日本橋 >

東京都中央区日本橋室町1-4-1

絢爛豪華な天女が見守る、日本初の百貨店

「スエズ運河以東最大の建築」と称される、鉄筋コンクリート造りで、ルネッサンス様式の「三越」百貨店が日本橋に誕生したのが大正3年。日本初のエスカレーター、エレベーター、スプリンクラー、暖房換気など、当時の最新設備が施された。その後、関東大震災で一部を消失するも、増改修が行われ、昭和10年にアール・デコ様式の装飾が随所にちりばめられた今の姿に。5階まで吹き抜けとなる中央ホールには、天女像がそびえ、2階のバルコニーに設置されたパイプオルガンで生演奏が行われる。内装に使用される大理石の中には、アンモナイトの化石が含まれ、見つけた子どもたちも大喜び。玄関のライオン像、壮観の三越劇場と見所あまた。一日一組の歴史ツアーも開催される。

(右) 本館と新館の2棟からなる日本橋三越本店。格調高雅な本館正面玄関。**(左)** フランス産赤斑大理石とイタリア産卵黄色大理石を張りつめた中央ホールの採光天井。 **(P 27)** 中央ホールにそびえる木彫刻作品天女像は佐藤玄々の作。

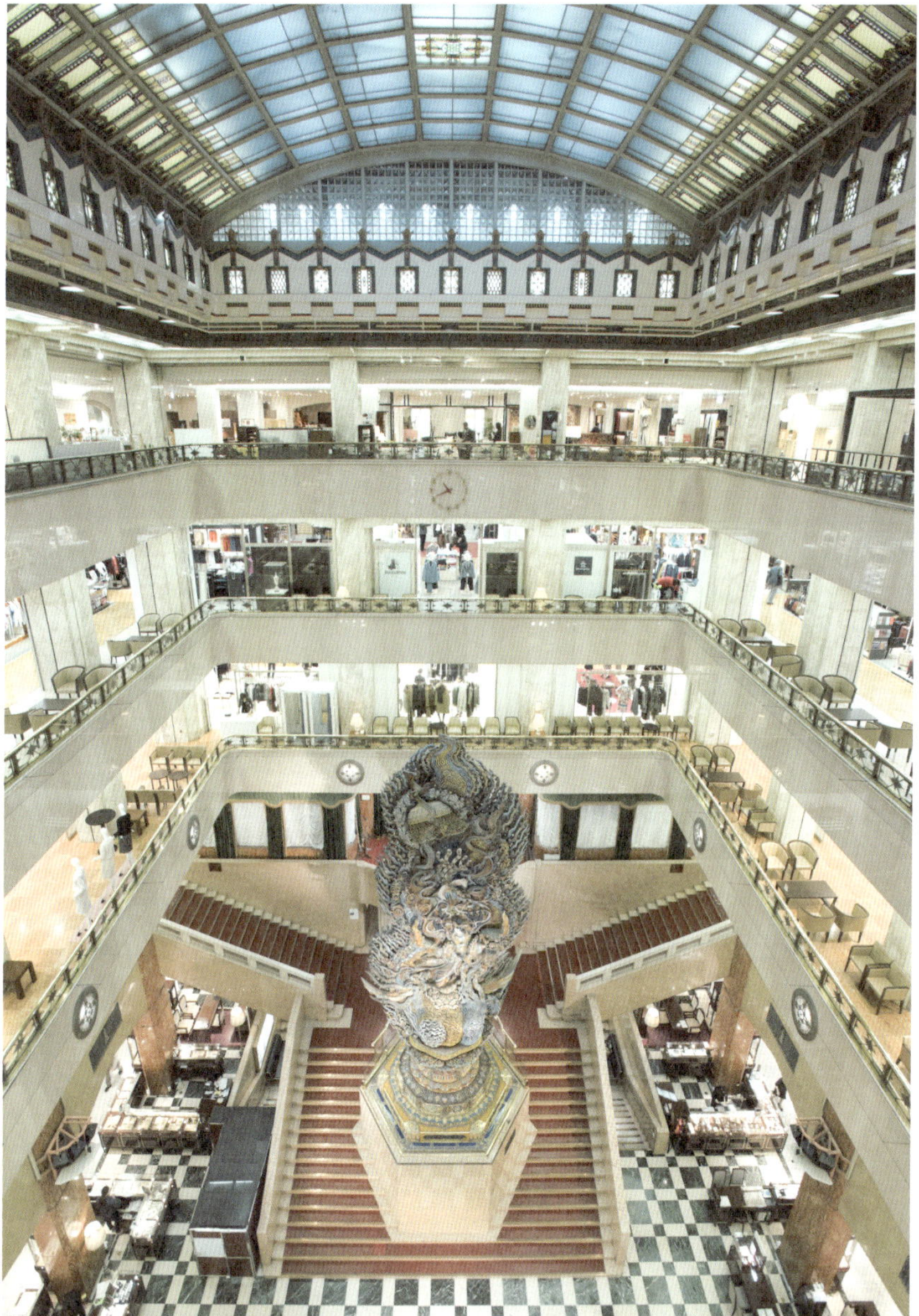

（Nihombashi Mitsukoshi Main Store）

(右上) 昭和5年購入のパイプオルガン。現在も生演奏時、店内に音色が響き渡る。 **(左上)** 1階の売場。柱と天井に優美な間接照明。 **(右下)** 中央ホールには机と椅子を置き、寛ぎの場に。 **(左中央)** 2層吹き抜けの三越劇場。大理石、木彫、石膏やステンドグラス、様々な文様が会場を彩る。

アクセス：東京メトロ銀座線・半蔵門線「三越前」駅より徒歩1分、東京メトロ東西線・都営地下鉄浅草線「日本橋」駅より徒歩5分、JR「東京」駅（日本橋口）より徒歩10分、JR「新日本橋」駅より徒歩7分
設計者：横河工務所
竣工年：1914年、1935年
営業時間：10:00-19:00
※新館9階・10階レストランは11:00-22:00
定休日：1月1日（不定休）

昭和7年開業の地下鉄銀座線・三越前駅。日本で唯一、百貨店名を冠する駅。

何度も増改築を行いながら、躯体は一度も取り壊していない。堅牢な建物は関東大震災時も倒壊を免れた。

お子様ランチ発祥の地と言われる三越

カフェ＆レストラン ランドマーク

㊏ 新館5階

㊖ 11:00-19:00（L.O.18:30）

㊡ 日本橋三越本店に準ずる

昭和5年、愛らしいお皿の入荷を端緒に、食堂部主任が「子どもに夢のある食事を」と考案した「御子様洋食」。富士山型のケチャップライスに登頂旗からヒントを得た旗をたて、おかずを盛り付け。現在は蒸気機関車型の器で、配膳直前にドライアイスの煙をセットし、子どもを楽しませる。実はおとなも注文でき、ビール片手に味わう人も。

ランチョンマットは2種類の懐かしい絵

アール・デコ装飾の中で 白く輝く甘い宝石を

特別食堂 日本橋《東京會舘》

日本の洋菓子の礎を築いた、東京會舘初代製菓長が、昭和25年頃に発案した「マロンシャンテリー」。金色に輝く栗と、純白の生クリームだけで作る、見目麗しい伝統のモンブラン。気品があり口どけがよく口福に満ちる。

本館7階「特別食堂 日本橋」のアール・デコの装飾を手がけたのは、地下鉄三越駅前から日本橋三越本店につながる連絡通路同様、フランスの室内装飾家、ルネ・プルー。緑色大理石の柱、シャンデリア、壁面のグリルにいたるまで、細部にこだわり制作。改装を重ねながら、昭和39年に現在のスタイルが完成。お見合いなど特別な場にも利用されてきた。運営するのは「東京會舘」。フレンチ、和食、寿司、デザートとメニューも豊富。家族で好きなものを味わえる。

㊐ 03-3274-8495（代表）
㊖ 11:00-19:00（フードL.O.18:00、ドリンクL.O.18:30）
㊡ 日本橋三越本店に準ずる

№ 4

KITTE
（旧・東京中央郵便局）

KITTE

< 丸の内 >

東京都千代田区丸の内2-7-2

5階まで吹き抜けのアトリウム。右側が保存・再生部分で、左側が新築部分

正面に東京駅

昔は東京駅間を走る
運送用列車があった

（P 32）4階の旧東京中央郵便局長室。目の前に東京駅丸の内駅舎。　（右上）局長室の一部には当時の建材を使用して再現。窓枠も昔の雰囲気を出すためあえてムラ塗りに。（右下）外壁のタイルは昔のタイルを再利用している部分と、再現した部分がある。（左）旧局長室には昔の写真を複数展示。

新しいところ
古いところ

昭和初期のモダニズム建築と高層ビルの融合

東京駅前の旧東京中央郵便局敷地に建つ38階建の高層ビル「JPタワー」。設計したのはドイツ系アメリカ人建築家・ヘルムート・ヤーン氏。

低層階の「KITTE」は、日本郵便が手がける商業施設。逓信省の技師だった吉田鐵郎の設計で、昭和6年竣工の旧東京中央郵便局舎を可能な限り保存・再生。そんな保存躯体と新築部分を、5階まで吹き抜けのアトリウムでつなぎ、内装デザインしたのが、建築家・隈研吾氏。1階は桜、2階は瓦、3階は織物と各階ごとテーマを設け、異なる表情に。昔の仕様が残された旧東京中央郵便局や、学術文化総合ミュージアム「インターメディアテク」など、店舗以外の施設も充実。東京駅丸の内駅舎を見下ろす屋上庭園は、ビル群の中の憩いの場。

かつて丸の内のビルは高さ百尺（約31m）の規制があり、低層部に歴史を残す。

低層部

アクセス：JR「東京」駅より徒歩1分、東京メトロ丸ノ内線「東京」駅地下直結、東京メトロ千代田線「二重橋前」駅より徒歩2分、JR・東京メトロ有楽町線「有楽町」駅より徒歩6分
設計者：吉田鉄郎（旧局舎）、三菱地所設計（改修）＋隈研吾（改修時商業内装デザイン）
竣工年：1931年、2012年

長年時を刻む

（右） ガラス天井から自然光が差し込むアトリウムを囲むように店舗が並ぶ。 **（左上）** 外壁の時計は、東京駅の時計とほぼ同じ高さ。 **（左中）** アトリウムの床の通風口は、かつてここに八角形の柱があった印。 **（左下）** 床に柱の跡をあしらったり、各所に新旧の対比を感じさせる仕掛けが。

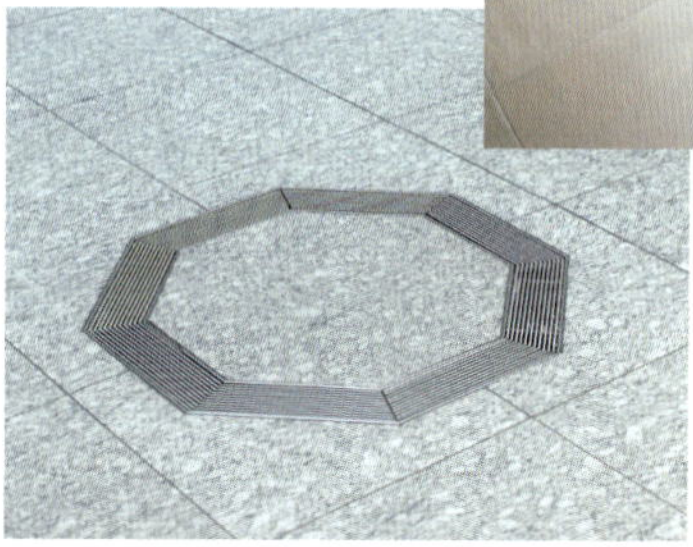

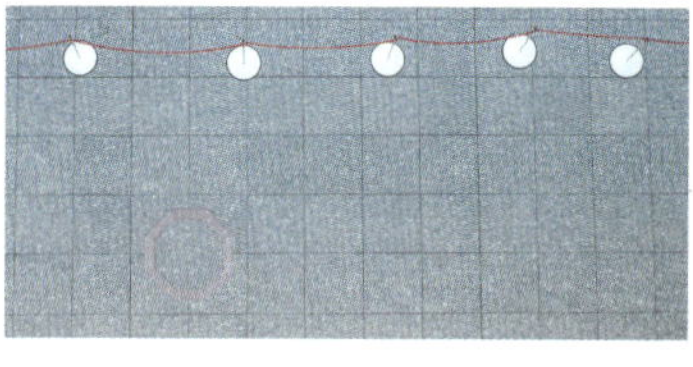

東京中央郵便局ではミニポストなどグッズも販売

垣根に馴染むKITTE前のポスト。局内では建物がデザインされた風景印を押してもらえる。

ぶどう棚のような飾りの下 みずみずしい果物に舌鼓

日本橋 千疋屋総本店フルーツパーラー

いちご、キウイフルーツ、パパイヤ、パイナップルを、少し塩気のあるパンで挟んだ「フルーツサンドイッチ」（１４０４円）。果物本来の自然な甘さを引き出すため、ホイップクリームは甘さ控えめ。テイクアウトも可能。

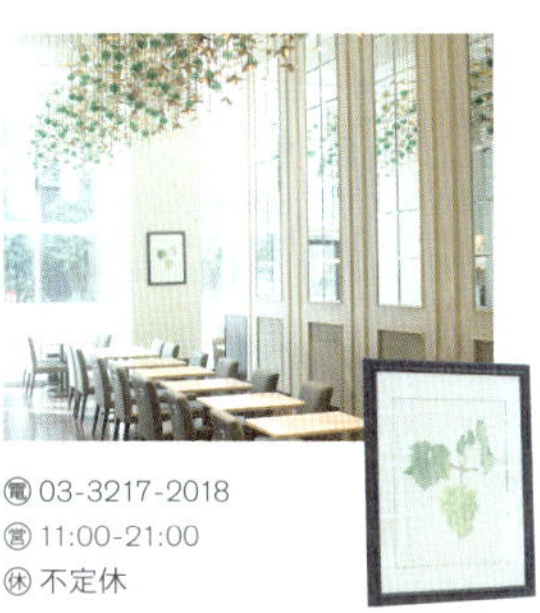

㊢03-3217-2018
㊖11:00-21:00
㊡不定休

ファッションやライフスタイル雑貨店が複数入る商業施設「KITTE」。建物を見学したり買い物をしたあとは、カフェやレストランで食事やお茶を。1階の「日本橋 千疋屋総本店フルーツパーラー」は、江戸時代から180余年の歴史を誇る老舗果物店のカフェ。フルーツたっぷりのパフェやケーキはもちろんのこと、果物を使ったカレーやパスタなどの軽食メニューもあれこれと。季節の果物を楽しめるアフタヌーンティーセットや、フルーツサンドイッチも人気。

現在のサッポロビールの前身・大日本麦酒（株）本社ビルの1階に、後世まで残るビヤホールにと誕生した。

№ 5

ビヤホールライオン 銀座7丁目店

The Beer Hall Lion Ginza on 7-Chome

＜ 銀座 ＞

東京都中央区銀座7-9-20 銀座ライオンビル 1F

豊穣と収穫がコンセプトのビヤホール

賑やかな銀座の中央通りから一歩店内へ踏み入れれば、壁・床・柱をモダンなタイルが埋める壮麗な空間に圧倒される。

設計者は新橋演舞場を手がけた菅原栄蔵。ビヤホールらしく、豊穣と収穫にちなむ意匠が随所に。球状の照明は、白がビールの泡で、色付きはブドウをイメージ。緑の柱は大麦の穂で、茶色の壁は大地。カウンター向こうの大壁画には、ギリシャ風の衣装で大麦を収穫する婦人が描かれ、約250色のガラスタイルを使用。完成までに約3年の歳月が費やされたという説も。今でこそ女性の声も飛び交うが、昭和9年の開店当時は男性特権の社交場。女性もビールを嗜むようになったのは戦後ややあって。薄暗い照明は、昼でも心おきなくお酒を楽しめるよう昔からの伝統だ。

昭和9年、開業当時の写真

(右) 緑のタイルと天井に伸びる矢じり型の装飾の太い柱は、大麦を表す。 **(左下)** ドイツの兵士が戦勝を祝った「ブーツグラス」の特大版。おみやげ用のグラスも販売。 **(P 41)** 赤レンガの壁は、豊かな実りを育む大地をイメージ。戦後は米軍に接収され、進駐軍専用のビヤホールだった歴史も。

修道院のように
ほの暗い店内

(左上) ビル6階は昭和9年から変わらぬ佇まいの大宴会場。**(左下)** 1～6階までサッポロビールを味わえる異なる店が入るビル。 **(下)** ビヤホールの席がぎゅっと詰まっているのも伝統。仲間同士近い距離で酒席を楽しめる。

約3年の歳月を費やしたとされる大壁画。カウンターはドイツの大理石。

アクセス：東京メトロ銀座線・日比谷線・丸ノ内線「銀座」駅より徒歩3分、JR「有楽町」駅より徒歩7分、JR「新橋」駅より徒歩7分
設計者：菅原栄蔵
竣工年：1934年

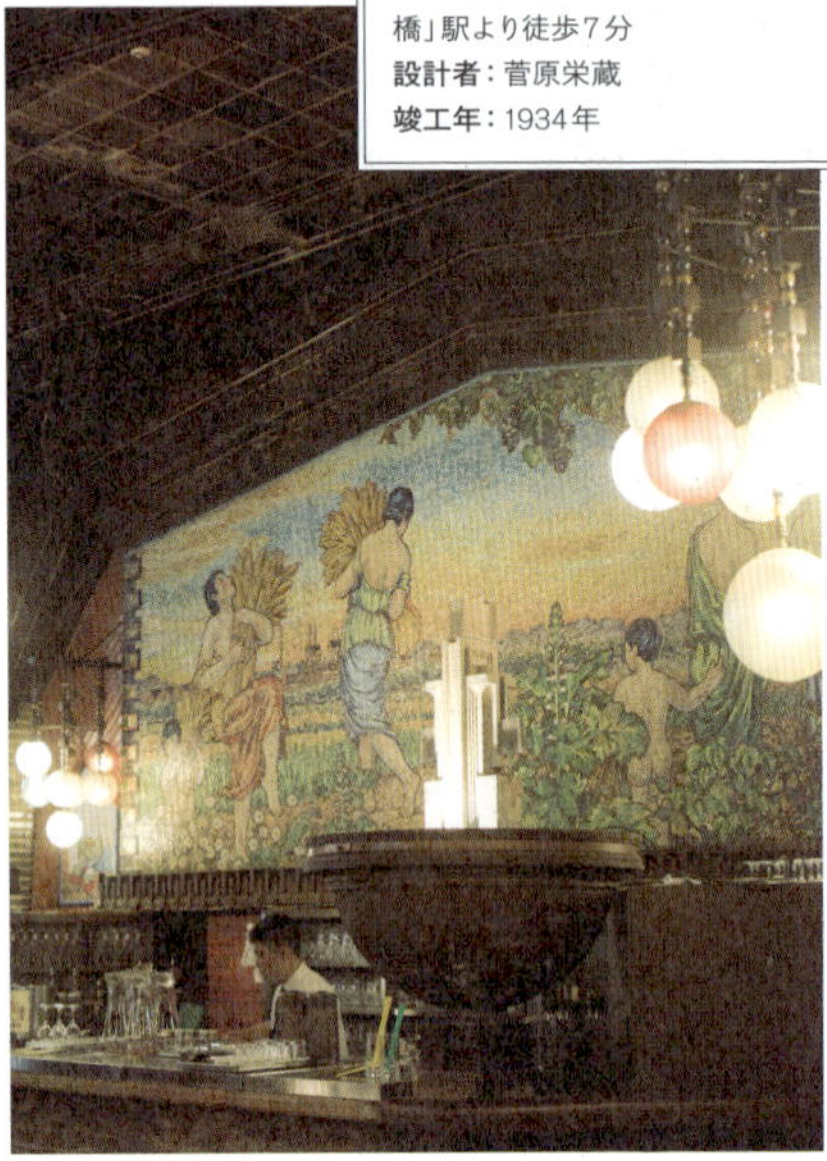

1階のビヤホールとともに ビル全体でビールと料理を楽しむ

ビヤホールライオン銀座七丁目店

「LIONチキンの唐揚げ（4個）」（980円）と合わせたのは、昭和52年の誕生以来、麦のうまみと爽やかな後味でロングセラーを誇る「サッポロ生ビール黒ラベル」の金口グラス（620円）。何杯飲んでも飽きず、好相性。

元は大日本麦酒（株）の本社だったビル。1階と6階は昭和初期の面影をそのままに。2～5階も各階ごと異なる料理が味わえる。5階の「音楽ビヤプラザ ライオン」では、ドイツビヤソング、オペラ、カンツォーネ、日本のなど、クラシック音楽中心の歌を、生演奏で楽しみながら食事のひとときを。1階のビヤホールは、日替わりランチ、「サーロインステーキランチ」、「ビヤホールの煮込みランチ」など、平日限定のランチメニューも充実。女性一人でもビールを手に、気負わず利用できるのが嬉しい。

㊂ 03-3571-2590
㊢ 月-土 | 11:30-23:00
日・祝 | 11:30-22:30　※月-金はランチメニューあり（11:30-14:00）
㊡ 無休

Togo
Murano

Kunio
Maekawa

Junzo
Sakakura

Column 1

日本の名建築家紹介

個性豊かな建物たちを
この世に生み出したのは、
一体どんな人なのでしょうか？
本書にもたびたび登場する
3人の名建築家をご紹介します。

村野藤吾

1891-1984

佐賀県生まれ。現在の福岡県北九州市で育つ。1918年に早稲田大学理工学部（建築学科）を卒業後、渡邉節の建築事務所に入所。1929年に独立し、大阪で村野建築事務所を主宰。古典様式からモダニズム、和風までさまざまな建築様式を取り入れた独自の作風で300以上の建築を生み出した。日本橋髙島屋［増築］をはじめ、3作品が国の重要文化財に指定されている。

《本書掲載》

◎日本橋髙島屋［増築］（P17）
◎目黒区総合庁舎（P61）
◎グランドプリンスホテル新高輪（P81）

前川國男

1905-1986

新潟県生まれ、東京育ち。1928年に東京帝国大学工学部建築学科を卒業すると同時にパリへ赴き、ル・コルビュジエのアトリエで学ぶ。1930年に帰国し、アントニン・レーモンド建築設計事務所に入所。1935年に独立し、前川國男建築設計事務所を設立。日本モダニズム建築の旗手とされ、公共建築を中心に多数の作品を残した。

《本書掲載》

◎ 国際文化会館（P46）
◎ 東京文化会館（P104）
◎ 江戸東京たてもの園・前川國男邸（P152）

坂倉準三

1901-1969

岐阜県羽島郡の造酒屋に生まれ、東京帝国大学文学部美学美術史学科を卒業後、1929年に渡仏。1931年から1936年までパリにあるル・コルビュジエのアトリエに勤務した。1936年に帰国するも、1937年にパリ万国博覧会日本館・設計監理のため再渡仏。1940年に坂倉建築事務所を設立。大型建築のみならず、住宅から家具まで多岐にわたる約300の実作を手がけた。

《本書掲載》

◎ 国際文化会館（P46）
◎ 岡本太郎記念館（P54）
◎ アンスティチュ・フランセ東京（P137）

品川・渋谷・六本木エリア

Shinagawa, Shibuya, Roppongi Area

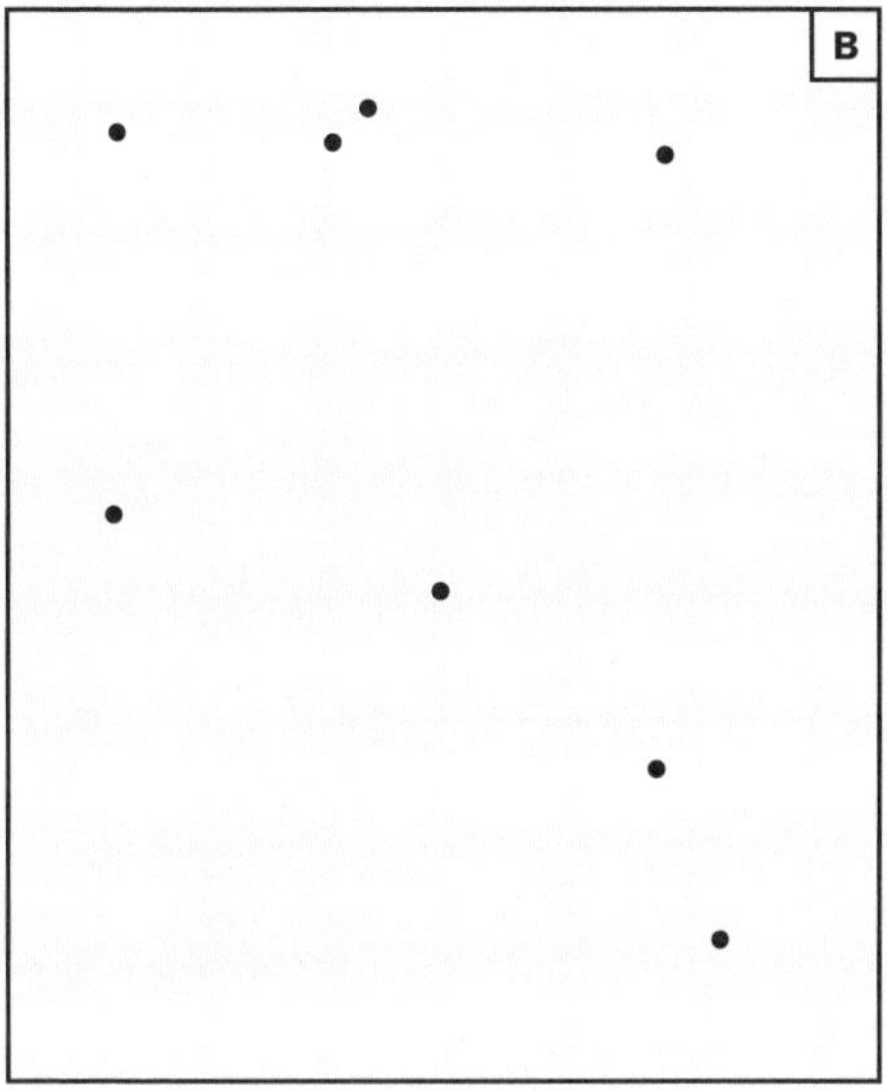

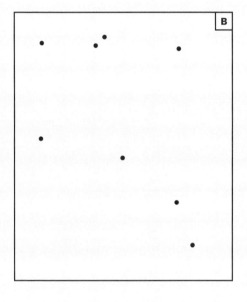

3000坪の敷地にある庭園は、昭和5年に岩崎小彌太が「植治」こと7代目小川治兵衛に依頼した。

№ 6

国際文化会館

International House of Japan

< 六本木 >

東京都港区六本木5-11-16

（International House of Japan）

建築界・三巨匠が手がけたモダニズム建築

江戸時代には多度津藩《たどつはん》藩主の屋敷で、明治から戦前までは、井上馨候爵、久邇宮邸、赤星鉄馬邸、岩崎小彌太邸と、華麗なる一族が歴代所有。昭和30年、〝日本と世界の人々の間の文化交流と知的協力を通じて国際相互理解の増進をはかることを目的に設立された非営利の民間団体〟、国際文化会館が誕生。ホール、講堂、会議室、宿泊施設、レストラン、ティーラウンジなどがあり、外国人利用者も多い。

旧館を共同設計したのは、建築界の巨匠三氏。前川國男をリーダーに、坂倉準三、吉村順三と、錚々たる顔ぶれ。昭和51年の旧館の改修と新館の増築は前川が手がけ、ル・コルビュジエも訪れた。京都の名造園家が作庭した近代庭園の傑作に調和する、戦後を代表するモダニズム建築。

(上) 旧館東棟の2・3階はホテルに。全室庭園に面している。 **(左)** 三方がガラス窓のティーラウンジ「ザ・ガーデン」には、坂倉準三の案を元に長大作氏がデザインした椅子やテーブルが。 **(P49)** 緑豊かな庭園には池や散策道があり、四季折々の美しい景色を楽しめる。

東京タワーが
よく見える
とっておきの場所

(P 50) 非公開の屋上。東京らしい風景はもちろん、機械室、格子、階段までも名デザイン。 **(右上)** ホテルの宿泊客用なので、一般公開はされていない非常階段。木枠の窓から光が注ぐ。 **(左上)** この階段見たさにホテルを利用する人もいるほど端正な姿。 **(右下)** 手すりの曲線にも建築家と職人のこだわりが。 **(左下)** 建物の内外部ともに、大谷石を贅沢に使用。

（上）レストランが位置する部分は、平安時代の釣殿風。 （左）コンパクトで品があるホテルの客室。宿泊は会員と会員紹介のゲストのみ可能。 （下）ホテルの廊下。木枠の窓にも建築家の美意識を感じる。

アクセス：都営地下鉄大江戸線・東京メトロ南北線「麻布十番」駅より徒歩4分、東京メトロ日比谷線「六本木」駅より徒歩10分
設計者：坂倉準三＋前川國男＋吉村順三
竣工年：1955年

ロビーにある家具のほとんどは、天童木工によるもので、座り心地も快適。片隅にはライティングデスクが。

EAT-IN⑥／Restaurant SAKURA

四季折々の庭を愛でつつ正統派フレンチを

レストランSAKURA

前菜とメインにデザートが付いた、ランチコース「プリフィクス」（3240円）。この日のメインディッシュは、色とりどりの温野菜を添えた、かに&スズキのパイ包み。数種類の肉・魚料理から好きなものを選べる。

吉村順三が手がけた、天井いっぱいの高さの大きなガラス扉に囲まれた「レストランSAKURA」。名勝の庭園をよく見晴らせ、その名の通り、春には桜を楽しめる。宴会場だった時代もあり、三島由紀夫は川端康成を媒酌人に、ここで披露宴をおこなった。現在は「ロイヤルパークホテル」が業務をおこない、季節の野菜をふんだんに取り入れた、緻密で絵画的なフランス料理を味わえる。前川國男もこの場所がお気に入りで、日常的に食事に訪れていたという。

㊔ 03-3470-4611
㊕ ランチ | 11:30-14:00（L.O.14:00）
ディナー | 17:30-22:00（L.O.21:00）
㊡ 無休

№ 7

岡本太郎記念館

Taro Okamoto Memorial Museum

< 表参道 >

東京都港区南青山6-1-19

絵画を描いた吹き抜けのアトリエ。安定した光を取り入れるため、北側に大きな窓を設けた。

（Taro Okamoto Memorial Museum）

庭は彫刻の
屋外展示場に

芸術家が暮らした都心のアトリエ

芸術家・岡本太郎は、戦前に父・岡本一平と、母・岡本かの子が住んでいた土地にアトリエを兼ねた家を建て、昭和29年から40年以上の月日を過ごした。設計者・坂倉準三に要望したのは、北窓から光が入り、なるべくガランとした、ニュートラルでシェルターのようなアトリエ。コンクリートブロックの壁に飛行機の羽に似た木の屋根をのせ、2階まで吹き抜けで柱のない広々とした空間を、太郎はとても気に入った。その後、生活スペース、書庫、収蔵庫、彫刻のアトリエなどを備えた木造2階建ての建物を増築し、複数のアトリエをぐるぐる駆け回りながら創作したという。

メインのアトリエやサロンを残し、記念館に改築してもなお爆発的な太郎の〝気〟は健在。訪れると力を得られる。

(P56)「庭の建築性は、実際の建築以上の面白みがある」と太郎。東南隅に自ら椅子と机を作りつけた。 **(上)** アトリエには絵筆やキャンバスがそのままに。 **(右)** アトリエの隣のサロン。ここで太郎は友人たちと語らった。 **(下)** 太郎の作品は大作が多く、全体を見下ろすため階段を上がった。

アクセス：東京メトロ銀座線・千代田線・半蔵門線「表参道」駅より徒歩8分
設計者：坂倉準三
竣工年：1954年
開館時間：10:00-18:00（入館は閉館30分前まで）
休館日：火曜日（祝日の場合は開館）、保守点検日、年末年始
入館料：大人620円、小学生310円

（上）記念館の扉の取っ手も太郎の作品。
（左）記念館の入口は庭に面する南側にあるが、元の玄関は北側にあった。裏手に回ると太郎デザインの門が見られる。

「人間は窮屈な建物の中で暮らすより庭で生活できればすばらしい」と太郎は理想を持ち、大いに庭を愛した。

（上）フィギュア、文房具、書籍、椅子まで、太郎の作品をあしらったさまざまなグッズが並ぶミュージアムショップ。

サロンには作品とともに
太郎に生き写しの人形が。

彫刻作品が生み出された場所で手作りの焼き菓子とお茶を

ア・ピース・オブ・ケーク

ホームメイドパンケーキ、季節の焼き菓子、チーズケーキ、ベイクドアップルパイとアイスクリームなど取り揃う「TODAY'S CAKE SET」（1400円～）。パンケーキは、4種類の味から好きな組み合わせで2枚選べる。

㊝03-5466-0686
㊠11:00-19:00
（L.O.18:30）
㊡岡本太郎記念館に準ずる
※カフェのみの利用も可能

料理研究家・大川雅子さんがオーナーのカフェがあるのは、元は彫刻のアトリエがあった場所。「太陽の塔」もこの場所で生み出された。現在は、アメリカのアンティークが散りばめられた店内で、アップルパイやチーズケーキ、クッキーなどの焼き菓子が味わえる。気候がいい季節は、太郎が愛した庭を眺めつつテラス席でお茶を。カフェだけの利用や、焼き菓子の持ち帰りもできる。おみやげにぴったりの、太郎の作品をかたどった「TAROの顔クッキー」も販売。

石畳の広場の座石に腰かけ、アルミ
鋳物の縦格子が包む外観を眺める。

№ 8
目黒区総合庁舎
(旧・千代田生命本社ビル)
Meguro City Office Complex

< 中目黒 >

東京都目黒区上目黒2-19-15

“階段の魔術師”
村野の代表作

一段目が浮いて
いるように見える

（P 62）右上／空港の搭乗ブリッジのような本館と別館の渡り廊下。　左上／村野藤吾を代表する螺旋階段は、中央の柱で吊られている吊り階段。　右下／一段目が浮いているように見える、鋼鉄製の階段。　左下／アルミ鋳物縦格子の外観の内側は、バルコニーが設けられている。（上）屋上には、村野藤吾の名にちなむ「目黒十五庭」が。出入り自由。　（下）正門から石畳のスロープを上がると現れる車寄せ。左右それぞれ8本の柱で支えられている。

村野藤吾が力を注いだオフィスビルの傑作

中目黒駅から近距離ながら一昔前は牧場で、以降はアメリカンスクールだった土地に、昭和41年、大規模な建物が現れた。縦格子のアルミ鋳物で全体を覆う、千代田生命本社ビル。設計者の村野藤吾は、多くのスケッチと模型でデザインを熟考し、竣工当時は住宅街だった周囲に馴染むオフィスビルを完成。その後、文化財としての価値を尊重しつつ改修。平成15年から目黒区総合庁舎として使われている。

南口玄関棟のエントランスホールや、その奥の本館螺旋《らせん》階段は、美術館や博物館のようにゆったり広がりのある空間。内部には池、茶庭と茶室、屋上庭園などがあり、開かれた庁舎と親しまれる。企画展「村野藤吾の建築」を開催した「目黒区美術館」による建築ガイドツアーも例年開催。

屋上庭園から富士山が見える

（右）南口玄関棟のエントランスホールには、8つのトップライトが。内部にはモザイク・フレスコ作家、作野旦平のガラスモザイク作品。　（左）エントランスホール奥の、岩田藤七による色ガラスブロックの袖壁。間接照明になっている。

南口玄関棟のエントランスホール

アクセス：東京メトロ日比谷線・東急東横線「中目黒」駅より徒歩5分
設計者：村野藤吾
竣工年：1966年

（右）岩田藤七のガラス作品「ファースト・ワルキメデスの幻想」。
（左）作野旦平のガラスモザイク作品には抽象的に四季が表現されている。

屋上庭園にいる信楽焼きの狸

蹲（つくばい）
のある茶庭

(右上) 和室がある棟には、茶室と茶庭も。茶室は京間4畳半。裏千家の「又隠（ゆういん）」の写しと言われる。　**(左上)** かつて喫茶室やクラブ活動に使われていた厚生棟に3部屋の和室が。中庭の池に面した「しじゅうからの間」。　**(右下)** 茶庭には村野が吟味した蹲（つくばい）が置かれている。　**(左下)**34畳の大広間「はぎの間」。

カレーライスも巨大ビル級
3倍の量の特大大盛りカレー

目黒区総合庁舎レストラン

名物メニューは、トレー型のお皿に盛り付けられた「メガカツカレー」。通常の3倍の量のカレーライスにトンカツをのせて、キャベツを添える。カレーは野菜と牛肉たっぷりで、家庭的な味わい。女性は2人がかりで完食を。

㊫ 03-5721-1810
㊮ 11:00-14:00
㊡ 土曜日・日曜日・祝日

現在レストランがあるスペースは、保険会社時代も300人ほど収容できる社員食堂で、現在は廊下として使われている部分も食堂の一部だった。レストラン前の廊下の池側の柱や壁には、竣工当時からの白いタイルが残り、和室のある旧クラブ棟まで続いている。レストラン内部を彩るステンドグラスも往時のもの。メニューは、日替わりランチ、そばやうどん、カレー、パスタなど。ボリュームがあるものから、小腹を満たせるちょっとしたものまで、幅広く味わえる。

№ 9

東京都庭園美術館

Tokyo Metropolitan Teien Art Museum

< 白金台 >

東京都港区白金台5-21-9

3階には温室として作られた「ウィンターガーデン」があり、期間を限り公開。

アール・デコの美に満ちた旧宮家の邸宅

大正14年までの3年間、パリに滞在した朝香宮鳩彦王と允子妃。フランスは当時、アール・デコの全盛期。その美しさに魅せられたご夫婦は、幾何学的デザインが特徴のアール・デコ様式を自邸に取り入れた。設計は宮内省内匠寮。玄関や大食堂など7つの部屋の内装は、フランス人芸術家、アンリ・ラパンが手がけた。ラパンは同国のガラスや金属工芸作家の作品を多用。昭和8年に、高貴で神秘的で、建物そのものが美術作品と言える邸宅が完成した。

終戦後の皇籍離脱で朝香宮家が手放したあと、外務大臣公邸、迎賓館と変容を辿り美術館に。本館と新館、芝庭、西洋庭園、日本庭園、緑が映える庭園を歩きながら、かつて宮家が営んだ華やかな日々に思いを馳せずにいられない。

（P68） 大広間の天井は、格子縁の中に40個の半円球の照明を配置。※写真は「装飾は流転する」展（2017年11月18日～'18年2月25日）展示風景。 **（右上）** 階段の照明柱は下部に生花を飾れるような工夫が。 **（左上）** アール・デコの贅を集めた大客室の扉。エッチング・ガラスの上に、タンパン装飾と呼ばれる半円形の飾りを。 **（右下）** 正面玄関。ルネ・ラリックによるガラスレリーフと床の天然石モザイクは圧倒的な美しさ。 **（左下）** 凹凸を付け模様を描いた漆喰の壁。

壁をよく見ると職人の個性が分かる

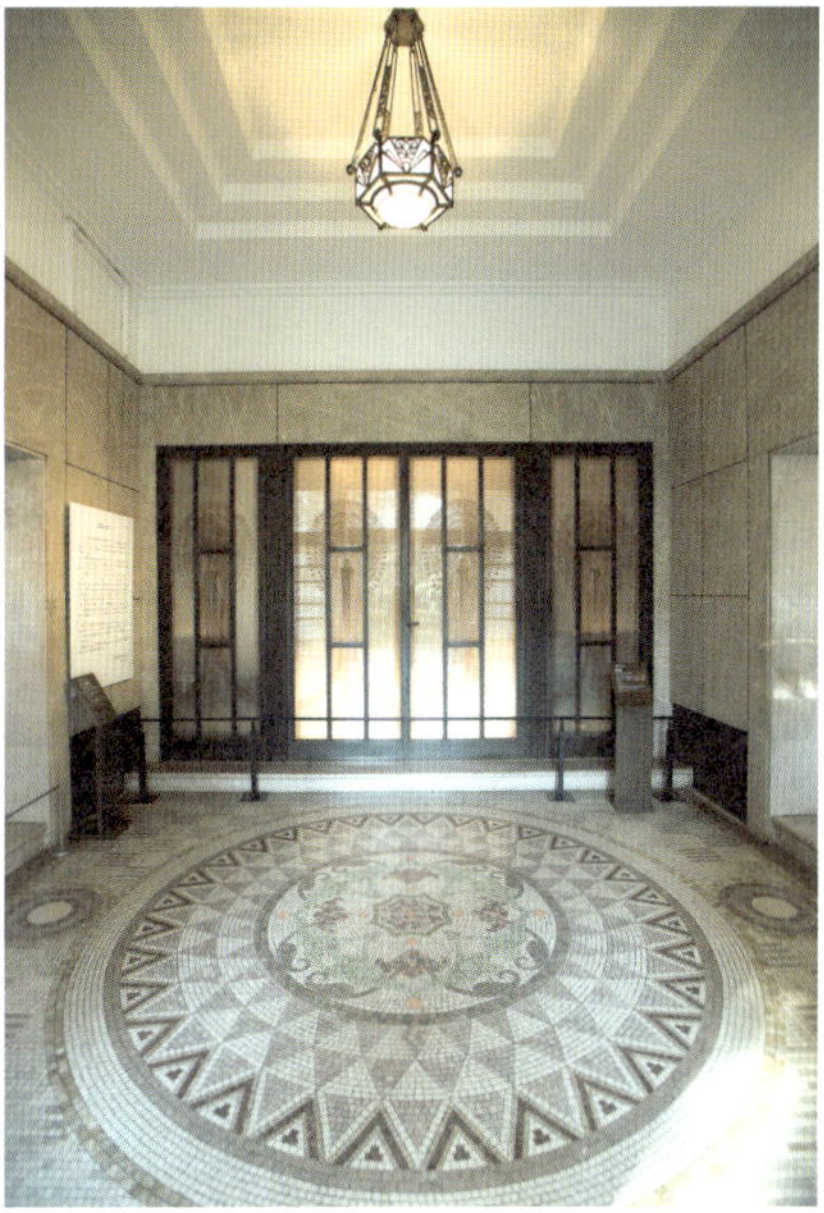

来客時の食事会に使用された大食堂。壁は植物、照明やガラス扉は果物、ラジエーターカバーは魚介のデザイン。※写真は「装飾は流転する」展（2017年11月18日〜'18年2月25日）展示風景。中央の作品は、ニンケ・コスター《オランダのかけはし》2017年。

2階・姫宮の寝室前には金平糖のようなステンドグラスの照明。天井に映る光の影が詩的。

(右) 和の要素をふんだんに取り入れた小食堂。朝香宮一家が日々の食事に使用。四隅をガラス棒が囲む灯りで飾った丸い照明も和風。**(左)** 大客室のシャンデリアは、ガラス工芸家、ルネ・ラリックが制作。漆喰仕上げの天井には、円やジグザグ模様が施されている。

(右) 内匠寮がデザインしたラジエーターカバー。 **(中)** 大食堂や若宮居間のラジエーターカバーは魚介模様。 **(左)** 妃殿下寝室のラジエーターカバーは妃殿下自身がデザインしたもの。

(右) 大広間と大客室をつなぐ「次室（つぎのま）」。中央にはラパンがデザインした白磁の「香水塔」。　(左) 床のモザイクは東洋的な要素を。

アクセス：JR・東急目黒線「目黒」駅より徒歩7分、都営地下鉄三田線・東京メトロ南北線「白金台」駅より徒歩6分
設計者：アンリ・ラパン＋宮内省内匠寮
竣工年：1933年
開館時間：10:00-18:00(入館は閉館30分前まで)
休館日：毎月第2・第4水曜日（祝日の場合は開館、翌日休館)、年末年始
入館料：展覧会により異なる

(右) 新館のミュージアムショップ。アール・デコの建築をモチーフにしたグッズを販売。　(左) 市松模様の大理石が敷かれた朝香宮ご夫婦専用のベランダ。

庭園に臨むテラス・カフェで美術作品のようなケーキを

カフェ庭園

展覧会ごと、シェフがイメージを膨らませるコラボメニュー。写真は展覧会（装飾の流転）のために誕生した、「紫芋のモンブラン」。建築ファン必食の、庭園美術館のモダンな建築を思わせる「ガトーショコラ」は定番。

㊐03-6721-6067
㊔10:00-18:00（食事L.O.17:00、ドリンクL.O.17:30）
㊡東京都庭園美術館に準ずる
※カフェ利用には美術館入館料が必要

現代美術作家で、建築家としても活躍する杉本博司氏をアドバイザーに迎え、平成26年に本館の奥に完成した新館。ホワイトキューブの展示室、ミュージアムショップとともに、庭園に面するガラス張りの造りで、明るい光が差し込むテラス・カフェを併設。カフェを運営するのは、90頁で紹介する「ミュージアム1999 ロアラブッシュ」。造形が美しいケーキは全て、本店のシェフが手作り。展覧会ごと、テーマや作品をイメージしたデザートや軽食が登場する。鑑賞後も目や舌で、建築や作品の余韻を味わえる。

湾曲を描きながら3階に続く階段。壁に並ぶ正方形のガラスブロックも作品のよう。

№ 10

原美術館

Hara Museum of Contemporary Art

< 品川 >

東京都品川区北品川4-7-25

庭から見ると
建物の湾曲が
よく分かる

（P76）庭から美術館を臨む。手前のテラスは増築したカフェ。　（上）1階から2階につながる階段の手すり。くるんと弧を描く。　（左）昔は書斎、居間、食堂で、竣工当時の床が残る1階「ギャラリーII」前の廊下。　（下）外扉の手すり。丸みを帯びたデザインが各所に。

瀟洒な洋館を活かした現代美術館の草分け

御殿山と呼ばれる閑静な住宅街に静謐と建つ「原美術館」。現代美術がまだ日本に定着していなかった時代に現代美術館を作ろうと思い立った館長の原俊夫氏が、祖父で実業家の原邦造が昭和13年に建てた邸宅を活用し、昭和54年に開館。草間彌生氏や奈良美智氏、海外作家まで1000点以上の作品を所有し、企画展を開催している。

敷地を和風の塀が囲むのは、元は日本家屋が建っていたから。そこに建築家・渡辺仁の設計で、瀟洒な2階（一部3階）建ての洋風の家が完成した。柔らかな曲線を多用した、のびやかな室内。白亜の洋館が映える緑の芝庭。昭和初期のモダニズム建築が、現代美術をおおらかに包み込む。庭に臨むカフェは、〝美術館でお茶を楽しむ〟先駆けでもある。

(左) 外光を取り入れるための窓から差し込む光に心が和らぐ。　**(右下)** 家族が朝食を食べる部屋だったサンルーム。昔は窓から東京湾が見えたそう。　**(左下)** 増築したカフェでは、かつての外壁を間近に見られる。　**(P79)** 奈良美智氏の作品が常設展示される、かつてのバスルーム。

アクセス： JR「品川」駅より徒歩15分、タクシー5分。都営バス「反96」番系統「五反田駅」行、「御殿山」停留所下車、徒歩3分
設計者： 渡辺 仁
竣工年： 1938年
開館時間： 11:00-17:00（入館は閉館30分前まで）※祝日を除く水曜日は20:00まで
休館日： 月曜日（祝日の場合は開館、翌平日休館）、展示替え期間、年末年始
入館料： 大人1,100円、大学・高校生700円、小・中学校生500円
※2021年1月閉館予定

(右) 元客間の「ギャラリーI」。ロフトに映写機を置いていた。
(上) アール・デコの特徴、曲線と直線が入り混じるポーチ。

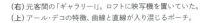

奈良美智氏のアトリエをイメージした作品

写真の作品は、奈良美智《My Drawing Room》2004年8月〜。制作協力：graf

企画展をイメージした芸術的ケーキを味わう

カフェ ダール

企画展『田原桂一「光合成」with 田中泯』のイメージケーキ。黒ごまのムースを餡でデコレーション。ガラスポットには、ジャスミン茶。

㊔ 03-3445-0651（代表）
㊎㊡ 原美術館に準ずる
※カフェ利用には美術館入館料が必要

昭和54年の美術館開館後、昭和60年にオープンしたガラス張りのテラス・カフェ。かつてはバルコニーだった場所を改装している。気候がいい季節には扉を開け放ち、中庭にも点在する屋外美術作品を、より間近に鑑賞できる。平日はパスタランチ、週末はフルボトルワイン付き「ガーデンバスケット」、毎週水曜日の夜は「シャンパンイブニング」が楽しめる。展覧会のイメージに合わせた「イメージケーキ」も、カフェ始まって以来の人気メニュー。

展示に合わせてケーキも変わる

展覧会鑑賞後のお楽しみは、目と舌でも味わう甘い芸術作品。「カフェ ダール」のシェフが、企画展に合わせてケーキのイメージを考える。

白の特製タイルで仕上げた外壁。全室
半円状のバルコニーが設けられている。

№ 11

グランドプリンスホテル
新高輪

Grand Prince Hotel New Takanawa

< 品川 >

東京都港区高輪 3-13-1

乙女的、淑女的、紳士的な、大型ホテル

回遊式日本庭園を囲むように高輪地区に建つ3つのプリンスホテルの中、昭和57年に誕生したのが現在の「グランドプリンスホテル新高輪」。建築家・村野藤吾の晩年の傑作。全室に乙女チックな白亜のバルコニーが付いた約900室の客室棟は、レストラン棟や、華やかな淑女のような「大宴会場 飛天」や「国際館パミール」と区切られ、静けさやプライベートが守られる。アライバルエリア周辺は近年改装されるも、村野が手がけた柱はそのままに。小山敬三画の壁画「紅浅間」の奥にあり、紳士的な振る舞いが似合う「メインバー あさま」、心が洗われる「茶寮 恵庵」、扉や天井に水玉模様を描くようにアコヤ貝をあしらったエレベーターと、多様な村野イズムを堪能できる。

(上) キノコのような大宴会場入口。「飛天」の名は、作家・井上靖が命名。 **(右下)** バルコニーのデザインは、可憐な乙女のよう。 **(左下)** バルコニーのデザインに合わせた看板。 **(P83)**「うずしお」は、「大宴会場 飛天」に続くスロープや、ピアノステージ、水上ステージがある大空間。

「大宴会場 飛天」の
エントランスホール
「うずしお」

巨大な「大宴会場 飛天」

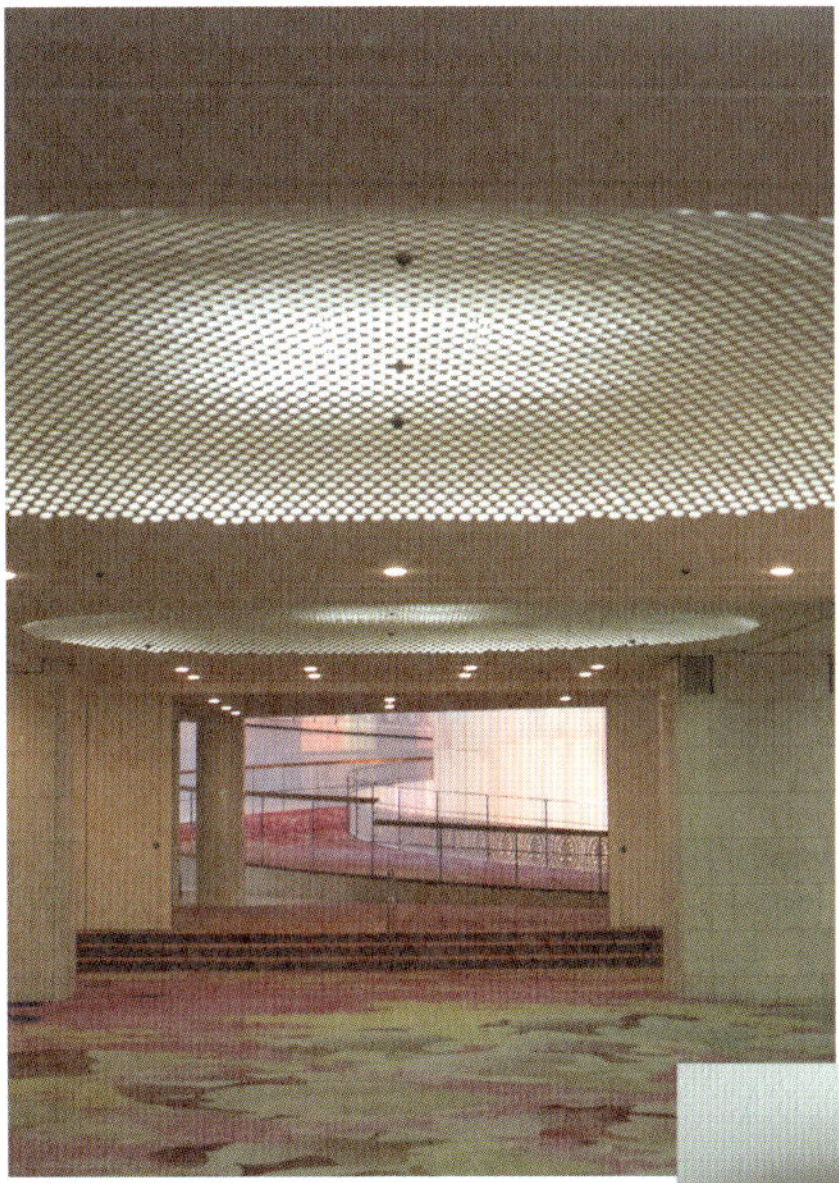

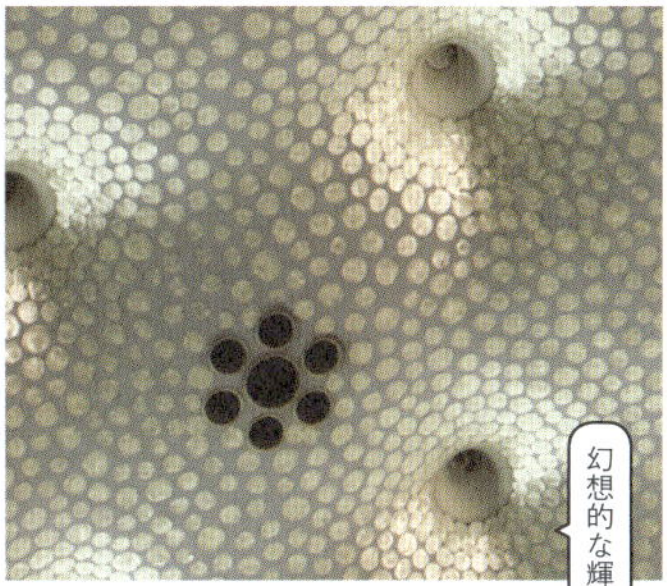
幻想的な輝き

（P84）「飛天」は、2000平方メートルを超える大宴会場。4基のシャンデリアも圧巻。（右上）アコヤ貝貼りの天井。（左上）「大宴会場 飛天」専用のエントランスホール「うずしお」と前室「さくら」。（右下）ワンランク上の客室フロア「ザ・クラブフロア」のエレベーターホール。

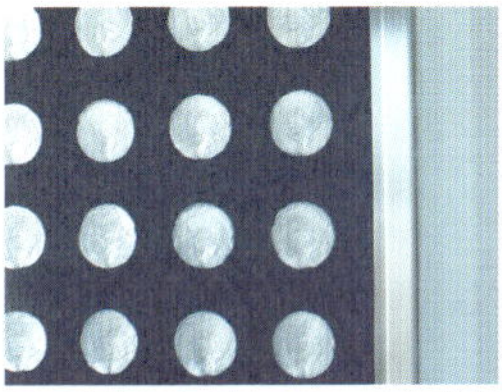

天井にも
アコヤ貝

（上）エレベーターの扉は水玉模様に。アコヤ貝を並べてデザインしている。

（下）一面アコヤ貝を貼ったエレベーターの天井。間接照明に照らされて、独特な光彩を放つ。

(右上) 村野藤吾が得意とした数寄屋造の茶室「茶寮 恵庵」。趣異なる和室や茶室が全6部屋あり、懐石料理を味わったり、お茶会を催せる。 **(右下)** 照明は天井内部に組み込み間接照明に。 **(左)** 茶室の入口であるにじり口と蹲(つくばい)。

(右) 20畳の広間「曙」は、船底光天井。床の間は洞床(ほらどこ)で、障子で開閉できる。 **(左)** 約2万平米の日本庭園では季節の花や木々を楽しめる。

(右上) ロビー横の「ラウンジ もみじ」の旬のフルーツなどを使ったケーキ。 **(左上)** アルコーヴに、門扉と門灯がついた個室。 **(右下)**「メインバー あさま」の入口脇を飾る大壁画・小山敬三「紅浅間」。 **(左下)**「ラウンジ もみじ」。平成28年にデザインスタジオスピンの小市泰弘氏のデザインでリニューアルが行われた。昼間はアフタヌーンティーを楽しむ人で賑わう。

アクセス：JR・京急線「品川」駅（高輪口）より徒歩5分、都営地下鉄浅草線「高輪台」駅より徒歩3分
設計者：村野藤吾
竣工年：1982年

(上) 村野藤吾が91歳で手がけた異空間「メインバーあさま」。5mもの天井高がゆったりとした空間を生み出す。ロビーの奥にあり入りやすい。 **(下)** トリスタン物語がモチーフの壁紙。

EAT-IN ⑪／Main Bar Asama

紳士的な空間で詩的なカクテルを

メインバー あさま

ジン、ドライ・ベルモット、カシスのリキュール、レモンジュースを合わせたカクテル「紅あさま」（1400円）。開業時からの名物メニュー。カクテルに浮かぶレモンの皮は、小山敬三「紅浅間」に描かれた月をイメージ。

㊕03-3442-1111
㊔17:00-AM1:00

ロビーに飾られた、小山敬三による大壁画「紅浅間」の奥に作られたことにちなんで、「メインバー あさま」と名付けられたバー。天井が高く、開放的で寛げる空間が広がる。低めの作りで、どっしり腰を据えられる椅子やテーブルなどのインテリアも、村野藤吾が手がけたもの。照明は雲母岩を使ったステンドグラス。世界の銘酒やバーテンダーおすすめのカクテルなどのお酒はもちろんのこと、「ボロネーゼソースのスパゲッティ」など食事をとる人も多い。

1階から吹き抜けの階段を見上げると。
シャンデリアがレース編みに見える。

№ 12

ミュージアム1999
ロアラブッシュ

Museum 1999 Leau a la bouche

< 青山 >

東京都渋谷区渋谷4-2-9

屋根の形もポイント

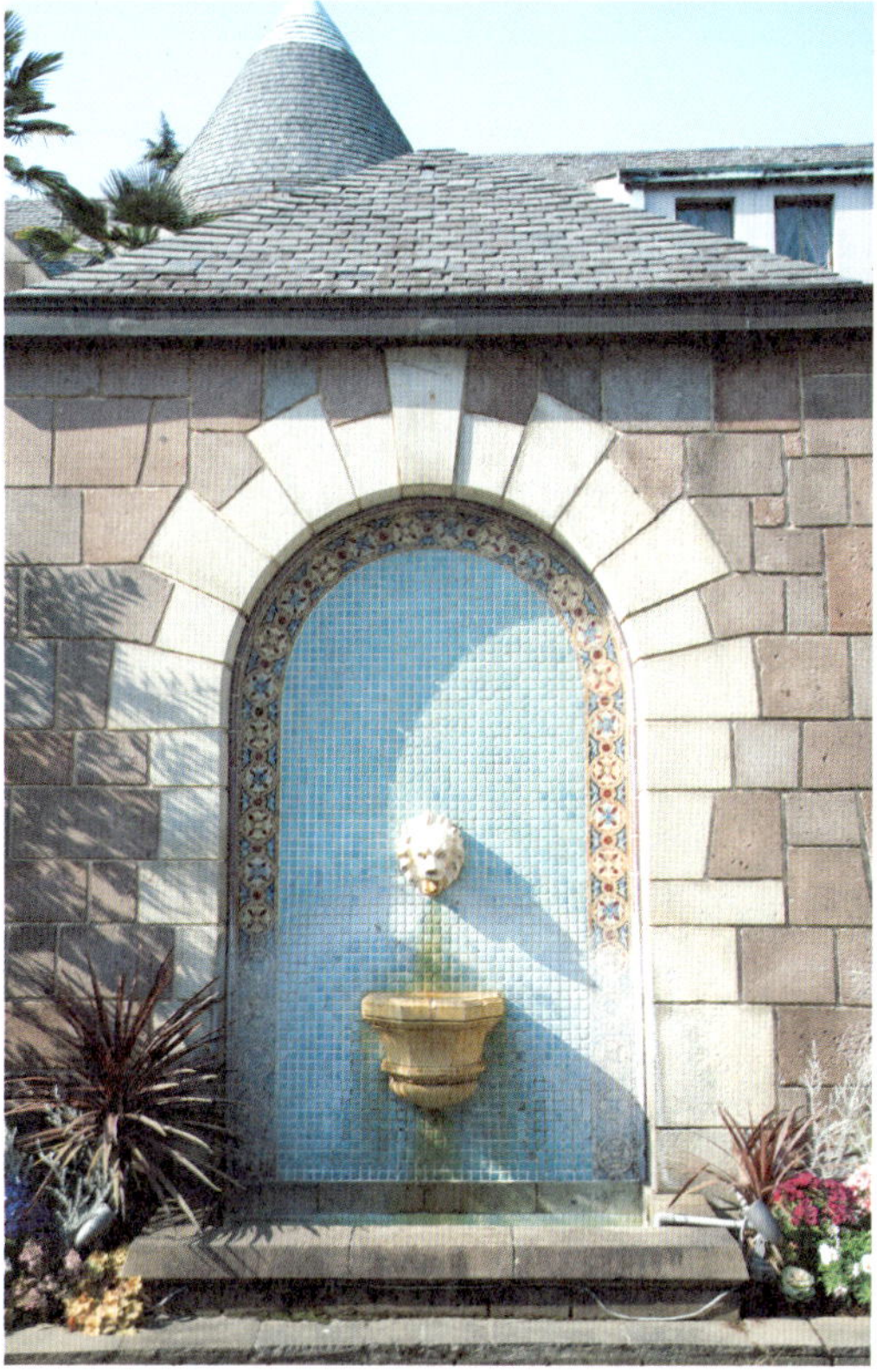

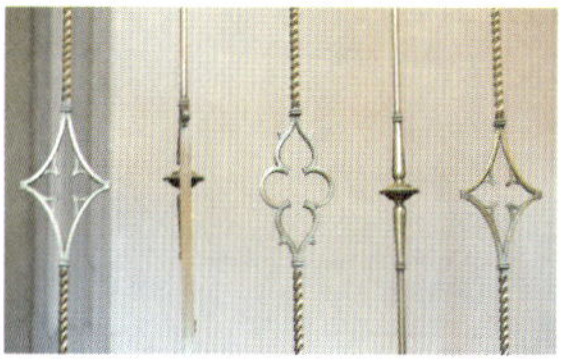

（P92）竣工当時、辺りで一番高い建物だった。（右上）階段手すりにはトランプを思わせる装飾が。（右下）店名のロアラブッシュ＝「口に水（よだれ）」を象徴する天使の噴水。（左）玄関前の獅子の噴水。ふくろう、天使、獅子、館内の3つの噴水は、ランチのメニュー名になっている。

美術作品を飾るフレンチレストラン

閑静な青山の住宅街に佇む洋館。アーチ状の車寄せがある入口は、石造りの城のよう。室内は随所に幾何学的なデザインが施されたアール・デコ様式で、階段や手すり、照明、獅子・天使・ふくろうの装飾などに目を奪われる。

元は、たばこ商で財を成した資産家の息子と、子爵令嬢の結婚祝いとして、昭和9年に建てられた邸宅。設計は黒川仁三。昭和56年に会員制クラブに生まれ変わり、現在は、アール・デコを代表するフランスの芸術家・エルテの作品を鑑賞できるフレンチレストランに。創業当時、ノルトラダムスの大予言ブームで、1999年に世界が終焉すると言われたことから、最後までおいしいものを味わい人生を謳歌しようと意を込めて〝1999〟が店名に付く。

アクセス：東京メトロ銀座線・千代田線・半蔵門線「表参道」駅より徒歩10分
設計者：黒川仁三
竣工年：1934年

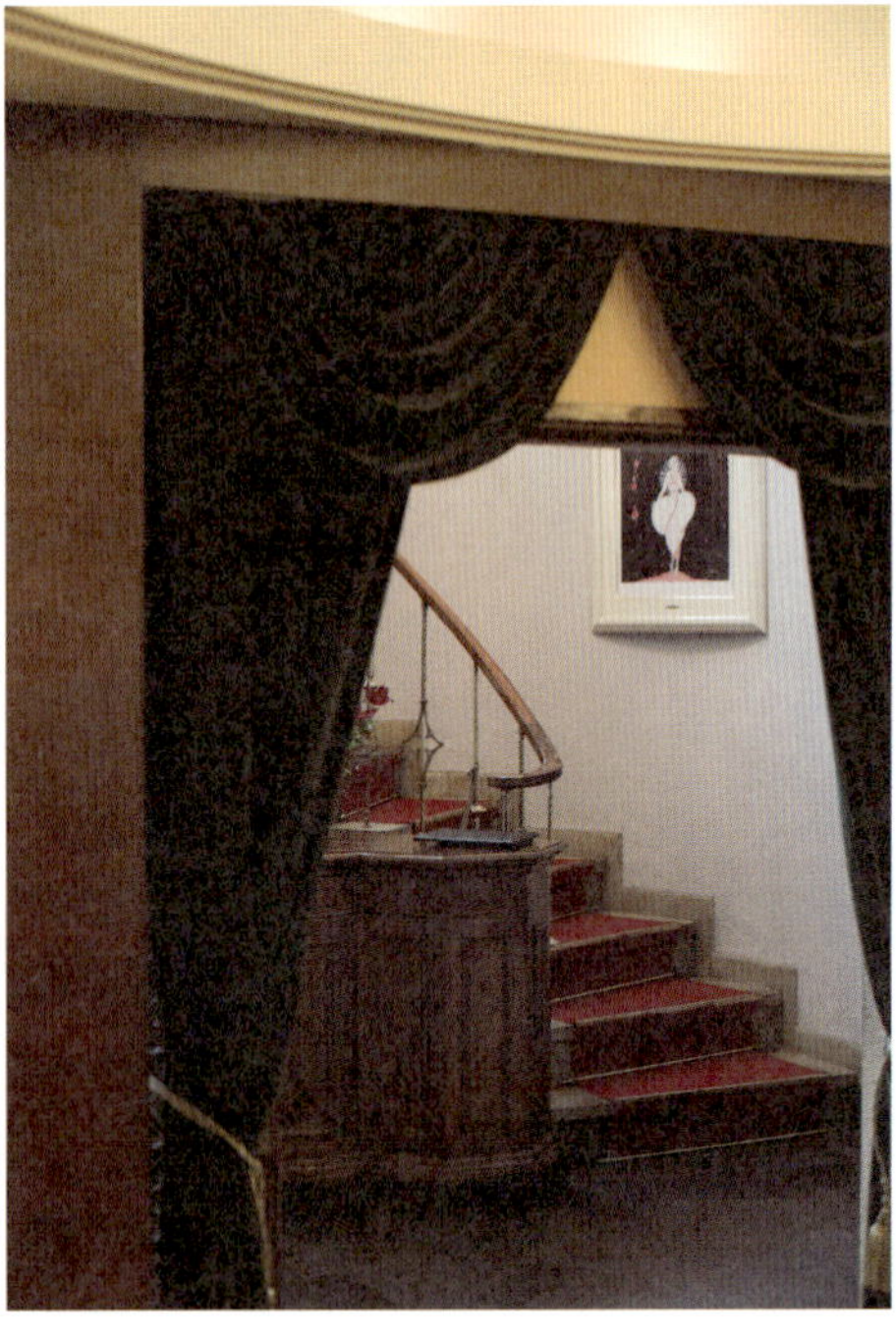

(上) 優美な調度品が並ぶ、2階の会員制メンバーズフロア。 **(右下)** シェフ・中嶋寿幸氏監修、木箱入りの手作りガトーショコラ。 **(左下)** 館内には、アール・デコの父と呼ばれた、ロシアに生まれフランスで活躍した芸術家・エルテの作品がそこかしこに飾られている。

(右) 1階のレストランは増築で新たに造られた。アーチの壁が昔の外壁。 **(左上)** 左手が増築部分で、三角屋根の部屋は昔からの建物。 **(左下)** レストランは、ふくろうの噴水のある中庭に面している。

地下の隠れ家レストラン

アール・デコの装飾がほどこされた地下1階は、ほの暗い隠れ家風の空間。店名の「ジャルダンデルテ」は、エルテの庭という意味のフランス語。1階のレストランに対し、本格的なフランス料理をよりカジュアルに、ビストロスタイルで味わえる。地下にはもともとプールがあり、現在は水槽にふたをしてフロアに。もともと、プールの底だったスペースはワインセラーとして活用している。地下に誂えたプールは女性が人前で肌を見せられなかった時代の名残り。

ジャルダンデルテ

㊍ 03-3499-4355
㊖ 18:00-23:00
㊡ 土曜日、日曜日、祝日

物語のタイトルのような詩的なコースの名前

ロアラブッシュ

旬の食材を使ったコース料理。写真は、前菜「オマールブルーとセップ茸のガトー仕立てシトロネルのクリアなフィルム」。色鮮やかで絵画的な美しさ。アラカルトメニュー「ブイヤベース仕立ての魚料理」もおすすめ。

(電) 03-3499-1999
(営) ランチ | 11:30-15:00 (L.O.14:00)
ディナー | 18:00-23:00(L.O.21:00)
(休) 不定休、年末年始

ブイヤベース仕立ての魚料理

開業当時は会員制で美食家が集ったフランス料理のレストラン。総料理長・中嶋寿幸氏のもと、アール・デコの洋館に呼応する、芸術作品のような料理がテーブルに。ランチ・ディナーともに、「庭のふくろうたち」「二人の小天使」「獅子の門番」と、コースの名前も詩情たっぷり。全て、館内に昔から残る噴水の形に由来する。加えてアラカルトメニューも充実。フランスを中心に世界中から450種類以上のワインを取り揃え、在籍するソムリエに料理や好みに合わせて選んでもらうこともできる。

№ 13

名曲喫茶 ライオン

Lion

< 渋谷 >

東京都渋谷区道玄坂2-19-13

高さ3メートルを超える巨大なスピーカーは、パイオニアの技術者が特別に作ったもの。

石造りの入口
危険物持込禁止
創業1926年
名曲喫茶
ライオン

渋谷の百軒店《ひゃっけんだな》で、音楽愛好家の憩いの場として続くクラシック音楽の名曲喫茶。創業は昭和元年。戦争で全焼するも、戦後に元の姿に再建。店名はロンドンの「ライオン・ベーカリー」に由来する。

福島の造り酒屋に生まれ、画家を目指したこともある創業者。建築の勉強をしたわけではないけれど、美的感覚は優れたもの。外装・内装・調度品のデザインを自ら手がけ、腕のいい大工が音響を考慮しつつ古城のような空間を築いた。看板やライオンの木の透かし彫りは創業者のお手製だ。

あえて光を遮り、幻想的な青い光やロウソク風の電飾で演出しているのは、荘厳な音楽に耳を傾けながら、より想像力が湧くようにというはからい。美しい旋律に包まれながら、贅沢な寛ぎを得られる。

青い光に包まれて、クラシック音楽に陶酔

本家「ライオン ベーカリー」の看板

(P98) 石造りのアーチをくぐる正面入口。初代の手描き看板が残る裏口もある。**(左)** 席の間についたてがあり、自分だけの空間を作りやすい。店内は撮影禁止、私語は控えめにというルールは厳禁。**(下)** レコード棚のある1階席は、真剣に音楽に耳を傾ける常連の一人客が多い。

約五千枚のレコード

(右) スタッフカウンター。 **(左上)** 階段上からの眺め。昔は3階や地下にも席があった。 **(左下)** レコードキャビネットも初代のデザイン。毎日午後3時と7時にコンサート、他の時間はリクエストを受け付ける。

アクセス：JR・東京メトロ銀座線・半蔵門線・副都心線・東急東横線・田園都市線・京王井の頭線「渋谷」駅より徒歩8分
設計者：山寺弥之助
竣工年：1951年

(下) 青い光の2階席。客席は基本、スピーカーに向く。 **(P101)** 音響が立体的に聴こえるよう、店も「帝都随一」と誇る音響設備を備える。

コンサートのプログラム

英国仕込みのコーヒーや懐かしの顔ぶれを

名曲喫茶 ライオン

メニューはいたってシンプル。温かい飲み物と冷たい飲み物、それからアイスクリーム。コーヒーは毎日店長が淹れる。クリームソーダ、ミルクセーキ、ミルクエッグと、どこか懐かしい顔ぶれも。写真はレモンスカッシュ。

創業者のいとこが、パン職人修行に向かった先が、ロンドンの「ライオンベーカリー」。そこでおこなわれていたコーヒー豆の配合や、ネルドリップ方式での淹れ方が、今も大切に引き継がれる。カップやグラスは長年使用しているものを使い、どの純喫茶にあるメニューでも、昭和の時代の面影をたたえた姿。オーディオ機材やレコードを個人で所有できるような時代でなかった昔、愛好家は飲み物を繰り返し注文しながら、クラシック音楽に耳を傾けた。

㊂ 03-3461-6858
㊕11:00-22:30（L.O.22:20）
㊡ 年末年始、夏季休暇

上野・皇居周辺エリア

Ueno, Around The Imperial Palace Area

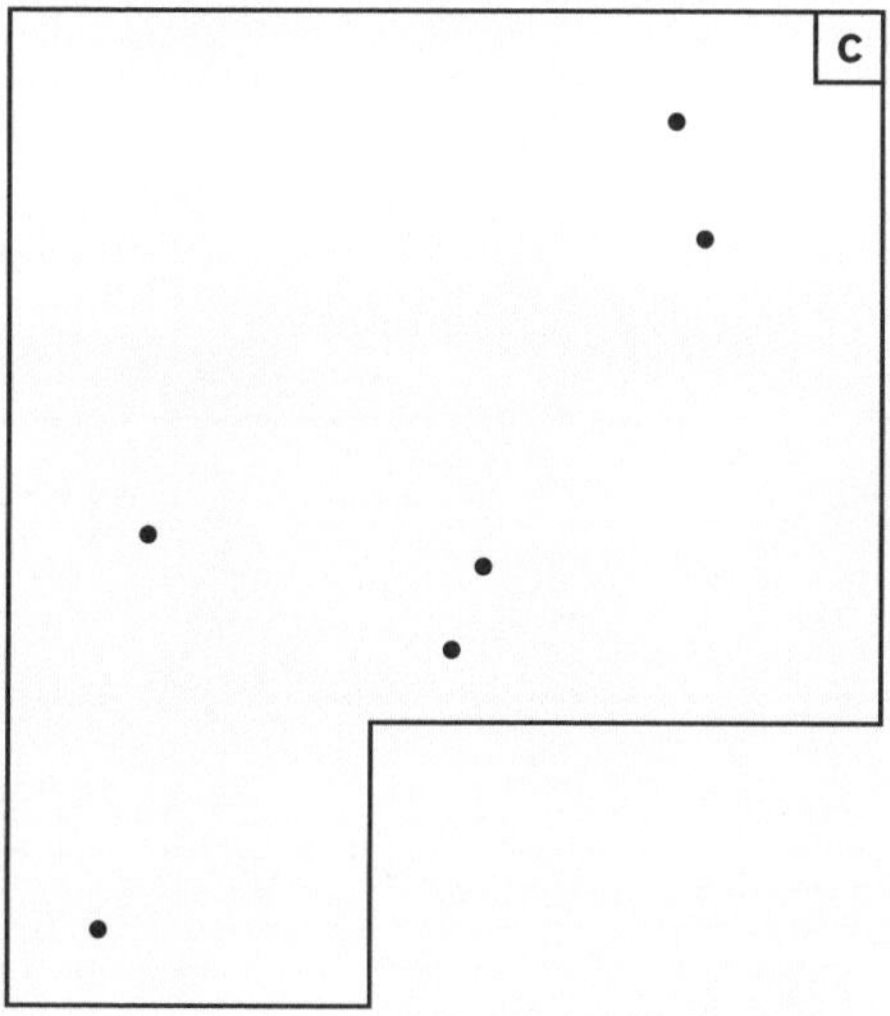

№ 14

東京文化会館

Tokyo Bunka Kaikan

< 上野 >

東京都台東区上野公園5-45

ロビーの柱はコンクリート製。
木目調の模様が特徴的。

(右) ロビーには、彫刻家・流政之氏のレリーフ「江戸キンキラ」が。流氏は小ホールの内装も手がける。 **(左上)** 館内の各所にあしらわれた赤と青は、前川國男が好んで用いた色。 **(左下)** JR上野駅公園口のすぐ目の前にあるメインエントランス。

上野公園の自然と調和する音楽の殿堂

上野恩賜公園の入口にあり、〝音楽の殿堂〟と称される「東京文化会館」は、日本初の本格的な音楽ホールとして昭和36年に開館。オペラ、バレエ、オーケストラの公演をおこなう大ホール、室内楽やリサイタルが催される小ホール、音楽専門図書館やレストランなど複数の施設を備える。

設計したのは、会館と向かい合わせに建ち、世界文化遺産に登録される国立西洋美術館を手がけたル・コルビュジエの弟子・前川國男。軒の高さを揃えているのは、師匠への敬意を込めて。公園の自然と一体化するよう景色が見渡せるガラスを多用し、床に落ち葉のデザインをタイルで施すなど、周囲との調和を考えたデザイン。壁や階段の配色、照明、柱、壁面や客席と、見どころが多く時を忘れる。

(上) 象徴的な大ひさし。軒の高さは向かいの「国立西洋美術館」に揃えている。 (右下) ロビーの床のタイルは、公園の落ち葉をイメージ。(左下) 公共エリアの階段は情熱をイメージした赤色。対してスタッフエリアの階段は、冷静をイメージした青色（110頁）。

（№ 14）

大ホール。音響拡散体の役割も果たす壁のレリーフは、彫刻家・向井良吉が製作。リハーサル時も客席に人がいるような錯覚を狙って椅子の色はあえてまばらに。

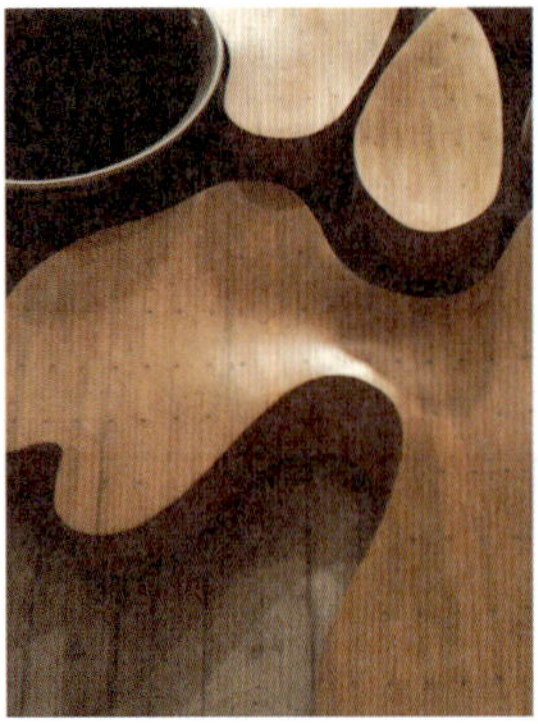

（右上）公演ポスターやサインで彩られた大ホールの舞台袖。不定期開催のバックステージツアーで見学できる。**（左上）**大ホールの反響板。日の出・日の入りの雲の形を示すなど諸説ある。**（右下）**大ホールの廊下。心をふわっと高揚させるピンク色。**（左下）**スタッフエリアの階段にも、サインが残されている。

アクセス：JR「上野」駅（公園口）より徒歩1分、東京メトロ銀座線・日比谷線「上野」駅より徒歩5分、京成電鉄「上野」駅より徒歩7分
設計者：前川國男
竣工年：1961年

洞窟をイメージした小ホール。凹凸のある壁面や有機的な照明、「昇り屏風」と呼ばれる舞台上の反響板は流政之が手がけた。

ル・コルビュジエと前川國男

前川國男は昭和３年に渡仏し、モダニズム建築の巨匠、ル・コルビュジエのアトリエで２年間の修行をした。「東京文化会館」内にありテラス席を有する「カフェヒビキ」より、コルビュジエが手がけた「国立西洋美術館」が眺められる。弟子は師匠への敬意を込めて、建物の高さを揃え、並んで互いに響き合うように、外壁やひさしをデザインした。

カフェ ヒビキ

㊒ 03-3821-9151

㊔ 11:00-19:00

※ホール公演日により営業時間の変更あり

㊡ 東京文化会館に準ずる

パンダ
パンケーキ

開演前の強い味方 ワンプレートメニュー

レストラン フォレスティーユ

チャップスイは、昭和の時代に親しまれた洋風中華丼。「オリジナル チャップスイ」（1100円）は、ブイヨンベースのあんかけに、豚肉、エビ、イカ、白菜、タケノコなどの具材がたっぷり。付け合わせは柴漬けわかめ。

東京文化会館２階「レストラン フォレスティーユ」と、西洋美術館側にテラス席のあるセルフサービス方式の「カフェ ヒビキ」は、同じ上野恩賜公園内に本店があり、明治５年に創業した老舗洋食店「上野精養軒」の直営店。劇場開演前にレストランで、さっと空腹を満たしたい人におすすめなのが、東京文化会館店限定で、昭和36年の開館当時からおなじみの伝統メニュー「オリジナル チャップスイ」。コース料理やアラカルトも揃い、パンダをモチーフにしたロールケーキのデザートやラテも人気が高い。

㊐ 03-3821-9151
㊕ 11:00-19:00
※ホール公演日により営業時間の変更あり
㊡ 東京文化会館に準ずる

№ 15

赤坂プリンス
クラシックハウス

Akasaka Prince Classic House

< 永田町 >

東京都千代田区紀尾井町1-2

正面玄関は、15〜17世紀の英
国の様式、チューダー・アーチ。

特徴的なねじれ柱

（P114）階段はじめ、館内各所に、ねじれ柱を使用。柱頭の繊細な彫刻にも目を奪われる。（右上）階段に埋め込まれているのは、花がモチーフの焼き物。　（右下）平成28年に保存・改修がおこなわれ、施工当時のシャンデリアを復原。　（左）待合室に使用される2階ラウンジ。ステンドグラスの色合いに心ときめく。

重厚なチューダー・ゴシックを堪能

皇族の邸宅を多く手がけた旧宮内省内匠寮の工務課長・北村耕造や技師の権藤要吉らの設計で、昭和5年に完成した「旧李王家東京邸」。戦後から近年まで、「旧グランドプリンスホテル赤坂 旧館」として、客室、レストラン、バー、婚礼施設に利用されてきた。そこにバンケットを増築し、建設当時の照明や壁紙を復原して誕生した「赤坂プリンスクラシックハウス」。歴史的な意義が高く壮麗なチューダー様式の洋館で、カジュアルフレンチや、贅沢なアフタヌーンティーが味わえる。

邸宅時代そのままの家具、ゆったり高い天井を支える柱、ち密な装飾が施された階段の手すり、愛らしく階段を飾るステンドグラス……。華やかな竣工当時の面影と高貴な気配が、そこかしこに息づく。

（右） 照明はもとより天井飾りが美しく、上を見上げて惚れ惚れと。
（P117） 元は使用人が使用しながら、現在は貴賓室のように使われている2階の部屋。

アクセス： 東京メトロ有楽町線・半蔵門線・南北線「永田町」駅（9-b出口）より直結、東京メトロ銀座線・丸ノ内線「赤坂見附」駅より徒歩1分
設計者： 宮内省内匠寮
竣工年： 1930年

（右上） 昭和初期の職人の技が随所で見られる。 **（右下）** 小さな窓もイギリスの風格に満ちたチューダー様式を採用。アーチ型が多様されることで愛らしさも感じる。 **（左）** チューダー・アーチをくぐり、バルコニーへ。

床のタイルも愛らしい

階段の踊り場には、日本のステンドグラスの発展に尽力した大竹龍蔵の作品。

古き良き英国そのままの空間で華やかなひとときを

ラ・メゾン・キオイ

お姫様気分で味わえる「クラシックアフタヌーンティー」（３５００円。写真は二人分）。季節ごとに種類が変わる上段には、フルーツを使った焼き菓子が。中段は、練乳ソースで味わうアップルパイ。下段はサンドイッチ。

東京都心と思えぬほど緑の木々に囲まれ、ウェディング会場としての人気は不動。気品漂う優美な邸宅の中で、ランチ、カフェ、ディナーが味わえる。創建当時、書斎やリビングルームとして使用されていた部屋を個室として貸し出しも。他に、紳士的な雰囲気のバーや、おみやげに甘いお菓子を持ち帰りできるブティックも館内に。記念日やお祝いに、いつもよりドレスアップして訪れる人はもちろんのこと、友だち同士で、カジュアルに普段使いする女性も多い。

㊊ 03-6261-1153
㊢ ランチ | 11:00-14:30
カフェ | 11:00-22:00
ディナー | 17:30-21:00までに入店（L.O.21:30）　バー | 18:00-24:00
㊡ 無休

映画やドラマの撮影にも使用される宴会場・201号室。奥にある中2階の舞台は、弦楽器などの演奏用バルコニー。

No 16

学士会館

Gakushi Kaikan

< 神保町 >

東京都千代田区神田錦町3-28

本のまちに建つ日本最古の倶楽部建築

東大・京大など旧帝国七大学の同窓会「学士会」の倶楽部建築として、東京大学発祥の地に建つ。宿泊、レストラン、会議室と、当初の利用は会員のみに限られていたが、現在は一部の施設を除き一般でも利用可能。2・26事件の司令部が置かれたり、戦後はGHQに接収されるなど、数々の歴史の舞台にもなった。

　昭和初期に流行したスクラッチタイルの外壁の4階建ては、昭和3年竣工の旧館で、監修・佐野利器、設計・高橋貞太郎。その左後方にある5階建てが、昭和12年竣工の新館で、設計は藤村朗。ロマネスクやゴシックをベースに様々な建築様式を折衷したクラシカルな内部。厳かな風格と華やかさを持ち合わせており、平成15年には、国の登録有形文化財に指定された。

(右上) 旧館階段広間、十二角形の柱。人造石を鋲で張っている。　**(左)** 旧館階段広間で時を刻む、100年以上前の柱時計。今でも毎時、音が響く。　**(右下)** 旧館正面玄関、真鍮製のドアノブ。　**(P 123)** 高い位置まで腰羽目板を張った、201号室のロビー。開館当時、この部屋は大食堂だった。

天井までの高さ5・7メートル

(上) 半円型の旧館正面玄関の内側。天井には立体的な松笠などの縁飾りが。 **(下)**旧館正面玄関のタイルの床。**(P125)右上**／館内には様々なタイルが使われているので、見比べるのも楽しい。館内に敷き詰められた赤い絨毯も高貴な印象。 **左上**／旧館階段広間。六角形の階段柱など見所がたくさん。 **右下**／昭和12年に増築した新館の階段。踊り場のステンドグラス前は、ウェディング撮影に人気。 **左下**／新館階段。四角く抜いたレンガの中の飾りが視覚を楽しませてくれる。

漆喰天井

新館階段

アクセス： 都営地下鉄三田線・新宿線・東京メトロ半蔵門線「神保町」駅（A 9出口）より徒歩1分、東京メトロ東西線「竹橋」駅（3 a出口）より徒歩5分、JR「御茶ノ水」駅より徒歩15分

設計者： 高橋貞太郎＋佐野利器（旧館）、藤村朗（新館）

竣工年： 1928年（旧館）、1937年（新館）

（上） 旧館の10年後に完成した新館の宴会場・210号室。 **（右下）** 旧館玄関には、オリーブをあしらったキーストーンが。石材は日ノ出石。 **（左下）** 白山通り沿いの旧館の外壁は、スクラッチタイル。建物の角がカーブしているのも特徴。

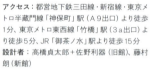

クラーク博士にちなむ具だくさんのカレー

カフェ&ビアパブ　セブンズハウス

ランチメニューの「クラークカレー」。こだわりのスパイスで味付けしたピリ辛のルーに、契約農家から仕入れた野菜をたっぷりと。具材には肉も。米は16穀米。元祖は北海道大学。学内のレストランに同様のメニューがある。

館内には、中華、寿司割烹、フランス料理と、食事処が複数。中でもカジュアルに利用できるのが、旧帝国七大学にちなんだ店名の「カフェ&ビアパブセブンズハウス」。昼間はランチの他にカフェ利用も可能。夜は食事やお酒が味わえる。札幌農学校（現在の北海道大学）に赴任したクラーク博士が、栄養バランスがよいからと、学生にカレーを進めたエピソードにちなんで誕生した「クラークカレー」（1,250円）がランチの名物。かつて談話室だった隣のフランスレストラン「ラタン」も、風格のある造り。

㊣ 03-3292-5935
㊔ ランチ | 11:30 -14:00
ディナー（月-金）| 16:00-23:00
（L.O.22:00）
ディナー（土・日・祝）| 16:00-22:00
（L.O.21:00）
㊡ 年末年始

昭和55年に内装をリニューアルするも、中央階段は戦前から変わらぬ姿を留める。

№ 17

山の上ホテル

Hilltop Hotel

< 御茶ノ水 >

東京都千代田区神田駿河台1-1

文豪に愛される東京の真ん中の小さなホテル

昭和12年に完成した、ジグザグファサードが特徴的なアールデコ様式の瀟洒な建物。設計は多くの洋風建築を手がけたアメリカ人建築家、ウィリアム・メレル・ヴォーリズ。当初は九州の石炭商・佐藤慶太郎らが起こした文化福祉事業の拠点「佐藤新興生活館」として建てられ、戦時中は日本海軍に、戦後は米軍に接収されていた時代もあった。

ホテルの開業は昭和29年。本の街・神保町に近く、周囲に出版社や学校が多いこと、心地よいサービスが作家たちを魅了し、文化人の定宿に。作家ごと指定の部屋があったのも文豪に愛されるホテルならでは。都心にしてはこぢんまりの35の客室は、一つとして同じレイアウトの部屋がなく、都内在住者でもわざわざ泊まりに訪れるほど。

(P130)403号室。窓の外に坪庭が広がる「庭付きスイートルーム」。山口瞳が好んだ部屋。**(右上)**アンティーク調のルームキー。**(右下)**和室にベッドを配した401号室は、池波正太郎の常部屋だった。**(左)**ドアノブの位置が高いのは、戦後米軍に接収されて宿舎として使われていた頃の名残り。

和洋折衷の401号室は池波正太郎先生御用達

ライオンの置物は
リサ・ラーソン作

（右上）館内各所に珍しい陶器製の幅木。（右下）漆喰の壁には、建設当初と同じデザインの陶器飾りが。（左）廊下に設置されたライティングデスク。今もここで調べ物をしたり、手紙を書く人がいる。館内に敷き詰められた赤い絨毯も気品がある。

外国製のキャンディ

（P 132）1階ロビー。一人掛けの椅子は、ノルウェーのバット社のもの。（右）ホテルの坂に面した出入り口の門。（左）フロントでは、お菓子やランドリーバッグなど、おみやげを販売している。

アクセス：JR「御茶ノ水」駅より徒歩5分、東京メトロ丸ノ内線「御茶ノ水」駅より徒歩6分、東京メトロ千代田線「新御茶ノ水」駅より徒歩6分、東京メトロ半蔵門線・都営新宿線・三田線「神保町」駅より徒歩6分

設計者：ウィリアム・メレル・ヴォーリズ

竣工年：1936年

（上）1階ロビー前の「バーノンノン」。9席のみの静かな空間。 **（右）**世界中からワインを集めた「葡萄酒ぐら モンカーヴ」。 **（左）**元は会員制だったモンカーヴ。床はコルクでシャンデリアは木造り。

建物はタイルで覆われている。右端のガス灯は現在もガスを使用。

クラシックホテルのロビーで
優雅なひとときを

ロビー

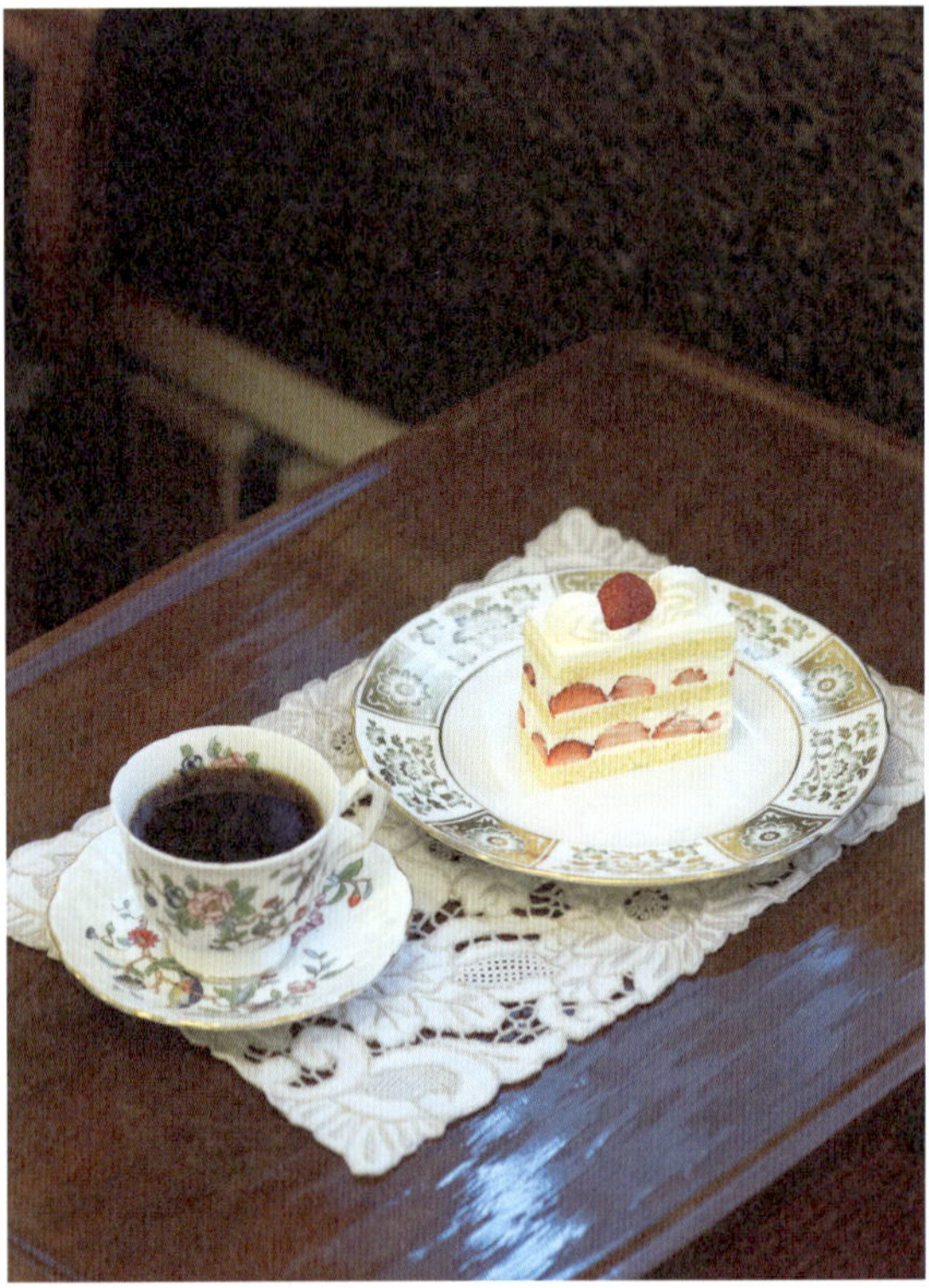

「コーヒーパーラー ヒルトップ」で人気のメニュー「苺のショートケーキ」（550円）をロビーで。こだわりのミルクで作る生クリームがたっぷり。食器はそのつど違ったものが使用されるので、毎回、目にも楽しい。

㊊03-3293-2311（代表）
㊢8:30-L.O.19:45
㊡無休

てんぷらと和食「山の上」、CHINESE DINING「新北京」をはじめ、フレンチレストラン、鉄板焼、ワイン酒場、バー、コーヒーパーラーと、さまざまなタイプの飲食店が点在する館内。宿泊者だけでなく、食事やお茶、待ち合わせと、普段遣いにホテルを利用する人も多い。池波正太郎や山口瞳の絵が飾られ、ゆったりとした時が流れる赤絨毯のロビーでは、「コーヒーパーラー ヒルトップ」のケーキや、サンドイッチなどの軽食も味わうことができる。

高台に建つ鉄筋コンクリート造り3階建ての旧館。坂倉準三による増築以降も、建築設計事務所「みかんぐみ」や、フランス人アーティストなどにより、改修・改築・改装が続く。2020年完成予定の増築は、建築家・藤本壮介氏が担当。

№ 18

アンスティチュ・フランセ東京

Institut français du Japon - Tokyo

< 飯田橋 >

東京都新宿区市谷船河原町15

(上) 階段や窓の配置にも坂倉氏の美意識を感じる。 **(左)** 2階の長廊下はギャラリーの役割も。 **(下)** バルコニー・屋内ともに、シャピニオン（きのこ）と呼ばれる柱が。 **(P139)** 上／P137のバルコニーを内部から。下／各教室の壁面を彩るのは、フランス人アーティストの作品。

アートに囲まれた伸びやかな空間

多くのフランス人が行き交い、石畳の道がモンマルトルの街並みを彷彿させることから「プチ・パリ」と呼ばれる、飯田橋・神楽坂界隈。あたりに多くフランス人が暮らしているのは、日本におけるフランス語教育や文化発信の草分けで、1952年開校の「アンスティチュ・フランセ東京（旧東京日仏学院）」あってこそ。二重螺旋《らせん》階段を配した塔のある初期の建物も、映画上映が可能なホールを備えて増築した新館も、設計を手がけたのは、ル・コルビュジエに師事した建築家・坂倉準三。

講座が開かれる教室の他、メディアテーク、カフェ、レストラン、本屋、木々が茂る庭と充実の施設。学生、フランス好き、建築好き、ご近所さん、誰でも利用でき、フランスへ小旅行した気分に。

(Institut français du Japon - Tokyo)

まるで
巻き貝のような
有機的なカーブ

映画も見られる

アクセス：JR・東京メトロ東西線・南北線・有楽町線・都営大江戸線「飯田橋」駅より徒歩7分
設計者：坂倉準三
竣工年：1951年、1961年

(上)映画上映・ライブ・講演など催されるホール「エスパス・イマージュ」。　**(下)**本・CD・DVDなど閲覧・視聴できる資料室「メディアテーク」。梯子のかかった本棚も見所。

(P140) L字に配置された建物の中央に位置する塔の中。世界に2つのみと言われる二重螺旋階段。フランスのシャンボール城の階段に敬意を表す。**(上)** フランス語書籍専門店「欧明社リヴ・ゴーシュ店」。　**(下)** 軽食が味わえるカフェ。

EAT-IN ⑱／La Brasserie

パリそのままの気取らないビストロ

ラ・ブラスリー

前菜一品＋主菜一品＋デザート一品＋コーヒーまたは紅茶がついた、ランチのコースメニュー「Détente」（２４００円）。この日の前菜はパテ、主菜はイトヨリダイのポワレ。デザートは洋ナシのタルトと、エスプレッソ。

㊐ 03-5206-2741
㊎ ランチ｜11:45 -15:00（L.O.14:30）
ディナー｜18:00-22:00（L.O.21:00）
※日曜日はランチのみ営業
㊡ 月曜日、祝日

緑に囲まれた中庭にある建物は、フランスの美食文化を紹介するレストラン。最初は小さなバーから始まり、ビストロを経て今にいたる。和食と同様、ユネスコの無形文化遺産に登録されるフランス料理とワインを、コースからアラカルトまで手頃な価格で味わえるとあり、70以上の客席は、昼も夜も和やかに賑わう。店内には小さなステージがあり、演奏会が行われることも。春と秋の気候がいい日には、テラス席も開放される。満席の日もあるので予約をぜひ。

№ 19

国際子ども図書館

International Library of Children’s Literature, National Diet Library

< 上野 >

東京都台東区上野公園12-49

明治以降の日本の子どもの本の歴史を辿る「児童書ギャラリー」。帝国図書館時代は、館長が許可した研究者のみが利用できる特別閲覧室だった。

(International Library of Children’s Literature, National Diet Library)

100年以上前から使用されているシャンデリア

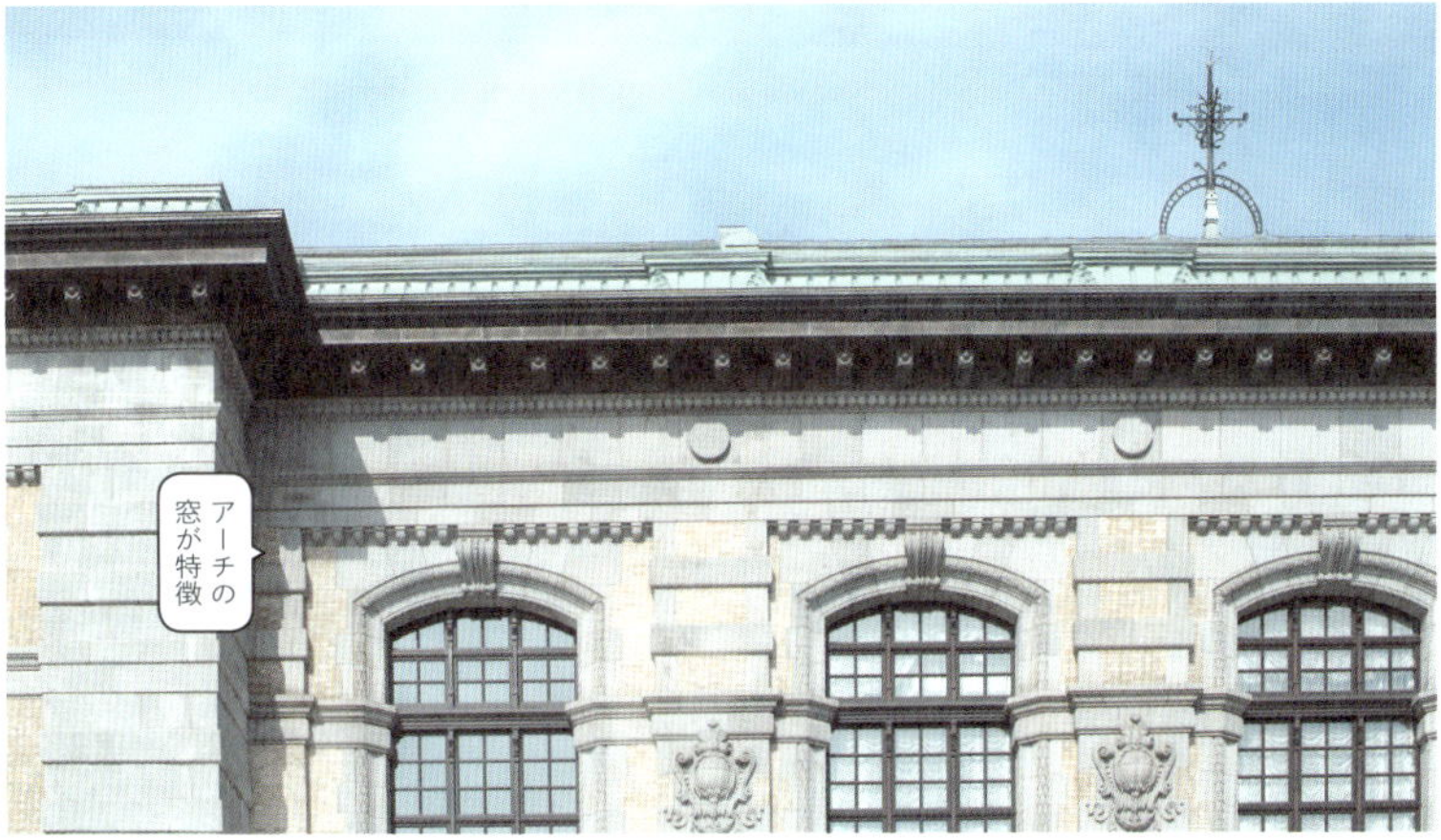

(P144) 大階段は1～3階まで約20mの吹き抜け。
(上) レンガ棟の外壁は、明灰色の白丁場石と、フランス積みのベージュ色の化粧レンガからなる。
(右下) 元は貴賓室だった「世界を知るへや」。天井の緻密な鏝絵とシャンデリアに目を見張る。
(左下) 創建時の外壁に触れられる3階ラウンジ。

物語が詰まった子どものための本の宮殿

複数の閲覧室や展示室が連なるレンガ棟と、研修室や資料室があり、緩やかに弧を描くアーチ棟からなる、国立の児童書専門図書館。明治39年に帝国図書館として建てられたルネサンス様式のレンガ棟は、アーチ型の大窓やフランス積みの化粧レンガが印象的。昭和4年の増築、国立国会図書館支部上野図書館を経て、安藤忠雄氏が参画した改修で今の形に生まれ変わった。漆喰化粧柱に目を奪われる「児童書ギャラリー」は「ハリー・ポッター」の世界さながら。天井の鏝絵《こてえ》や寄木細工の床板が美しい「世界を知るへや」、創建時の赤レンガが残る「本のミュージアム」と、建築的みどころもあまた。宮殿のような建物は、子どもも大人も夢中で本の世界にもぐり込める、夢のような空間。

（右上）「子どものへや」の照明は影ができぬよう工夫。
（P147）「本のミュージアム」にある、神殿のような装飾。右扉は今でも書庫の出入り口に使用されている。

アクセス：JR「上野」駅（公園口）より徒歩10分、東京メトロ銀座線・日比谷線「上野」駅より徒歩15分、京成電鉄「上野」駅より徒歩17分
設計者：久留正道＋真水英夫ほか（帝国図書館）、安藤忠雄建築研究所＋日建設計（改修・アーチ棟）
竣工年：1906年、2002年
開館時間：9:30-17:00
休館日：月曜日、祝休日（5月5日こどもの日は開館）、年末年始、毎月第3水曜日

（右下）全国の漆喰職人が壁・天井を創建時の姿に復元した「本のミュージアム」。　**（左上）**「世界を知るへや」は、旧帝国図書館時代の貴賓室。天井は鏝絵、床は木版を組み合わせた寄木細工（左下）が使われ、一番格式が高い場所とされた。

（International Library of Children's Literature, National Diet Library）

子どもはもちろん、本や建築が好きなおとなも、一日たっぷりゆっくり過ごせる。

レンガ棟にあるカフェから
アーチ棟を眺めつつ一休み

カフェテリア ベル

館内は指定の場所をのぞき、飲食禁止。お弁当を食べたり、授乳できるスペースもあるけれど、ゆったり明るく光が注ぐカフェテリアのランチが好評。本や建物の歴史を存分味わったあとのクリームソーダは、また格別。

新館のアーチ棟

子どもめし

㊐ 03-3827-2053
㊒ 9:30-17:00（L.O.16:30）
㊡ 国際子ども図書館に準ずる

レンガ棟の増築部分にあり、ガラス窓に囲まれたカフェテリア。中庭の向こうには、建物全体が美しい曲線を描くことから、アーチ棟と呼ばれる新館が間近に見える。本に触れて学び・遊ぶ子どもから、調べ物をするおとなまで、図書館で一日過ごす人たちも、ここでお腹を満たして一休み。日替わりランチ、カレー、パスタ、サンドイッチ、ケーキセット、クリームソーダなど、軽食やデザートが味わえる。子どものためのメニュー「子どもめし」は、くじ引き付き。

Column 2

もっと奥まで建築さんぽ

本の中で紹介している、
25箇所の名建築の中から、
紹介できなかった未掲載写真をご紹介。
“おいしい”からさらに進んで、
“泊まる”もぜひお楽しみください。

01_「教室の中のアート」プロジェクトでフランス人アーティストの作品を教室に。 **02**_何度か出版記念イベントを開催した、遠藤新設計の講堂。昭和2年に完成。 **03**_客室のドアノブプレート。独特の味がある絵と文字は、遠峰健。 **04**_エレベーターの扉。しなやかに女性を描いた東郷青児デザインの絵が残る。

05_子どもの頃に夢に見たような、天蓋付きの客室のベッド。 **06**_出番を終えて客席に集合する人形たち。雑誌の取材時に記念撮影したもの。 **07**_建築時の面影が色濃く残る、コンパクトなシングルルーム。 **08**_階段を飾るアール・デコ調のシャンデリア。 **09**_窓から東京駅のドームや改札を望める、ドームサイドの客室。

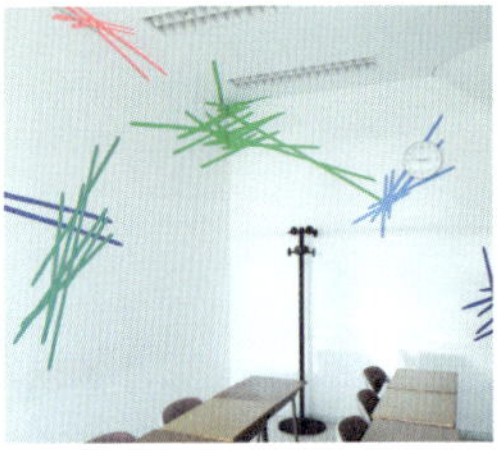

01 アンスティチュ・フランセ東京（P137）

02 自由学園 明日館（P163）

03 山の上ホテル（P128）

04 日本橋高島屋（P17）

05 グランドプリンスホテル新高輪（P81）

06 プーク人形劇場（P185）

07 学士会館（P120）

08 東京ステーションギャラリー

09 東京ステーションホテル（P10）

写真：甲斐みのり

新宿・池袋・その他エリア

Shinjyuku, Ikebukuro, and Other Area

№ 20

江戸東京たてもの園

Edo-Tokyo Open Air Architectural Museum

< 小金井 >

東京都小金井市桜町3-7-1(都立小金井公園内)

安政3年の建物と伝わる居酒屋「鍵屋」。右手がカウンターのある土間の店、左手が店座敷。

(上)戦時中で建築資材が不足する昭和17年竣工の「前川國男邸」。切妻屋根、堅板張りの木材、棟持ち柱を思わせる円柱、ガラス格子窓の外観が特徴的。(右下)軽く開くよう工夫された居間の大扉。(左下)吹き抜けのサロンを中心に、書斎、寝室、台所を配置。(P155)ロフトに造り付けの棚はディスプレイの役割を果たす。

一つの街のような野外博物館

都立小金井公園内に、江戸時代から昭和中期までの、文化的価値が高い30棟の歴史的建造物を移築し、復元・保存・展示をおこなう野外博物館。園内はまるで一つの町のよう。西ゾーンには、明治末期から昭和中期に建てられた様々な様式の住宅や、江戸時代の茅葺きの民家。センターゾーンには、高橋是清邸などの歴史的建造物。東ゾーンには江戸時代末期から昭和にかけての、商家や銭湯など下町の街並み。建造物を通して江戸・東京の歴史や人々の暮らしぶりを体感できる。

建築家の自邸「前川國男邸」。家族団欒や家事効率を考えた「田園調布の家」。神社仏閣を想起する大型の唐《から》破《は》風《ふ》が印象的な「子宝湯」。内田百閒も通った居酒屋「鍵屋」。全てに特別な物語が宿る。

二層吹き抜けでロフト付き

（上）昭和4年、足立区に建てられた銭湯「子宝湯」。脱衣所の棚には「乱れ籠」が。（中）浴槽も床もタイル張り。（下）入母屋造りの大屋根と、その下の唐破風には七福神の宝船の彫刻も。脱衣所の天井は折上げ格天井。昔の広告看板も再現。（P 157）浴槽は3層に分かれている。

玄関には「高砂」のタイル画が。九谷焼のタイル絵師の作品。男湯・女湯にもタイル画がある。

（Edo-Tokyo Open Air Architectural Museum）

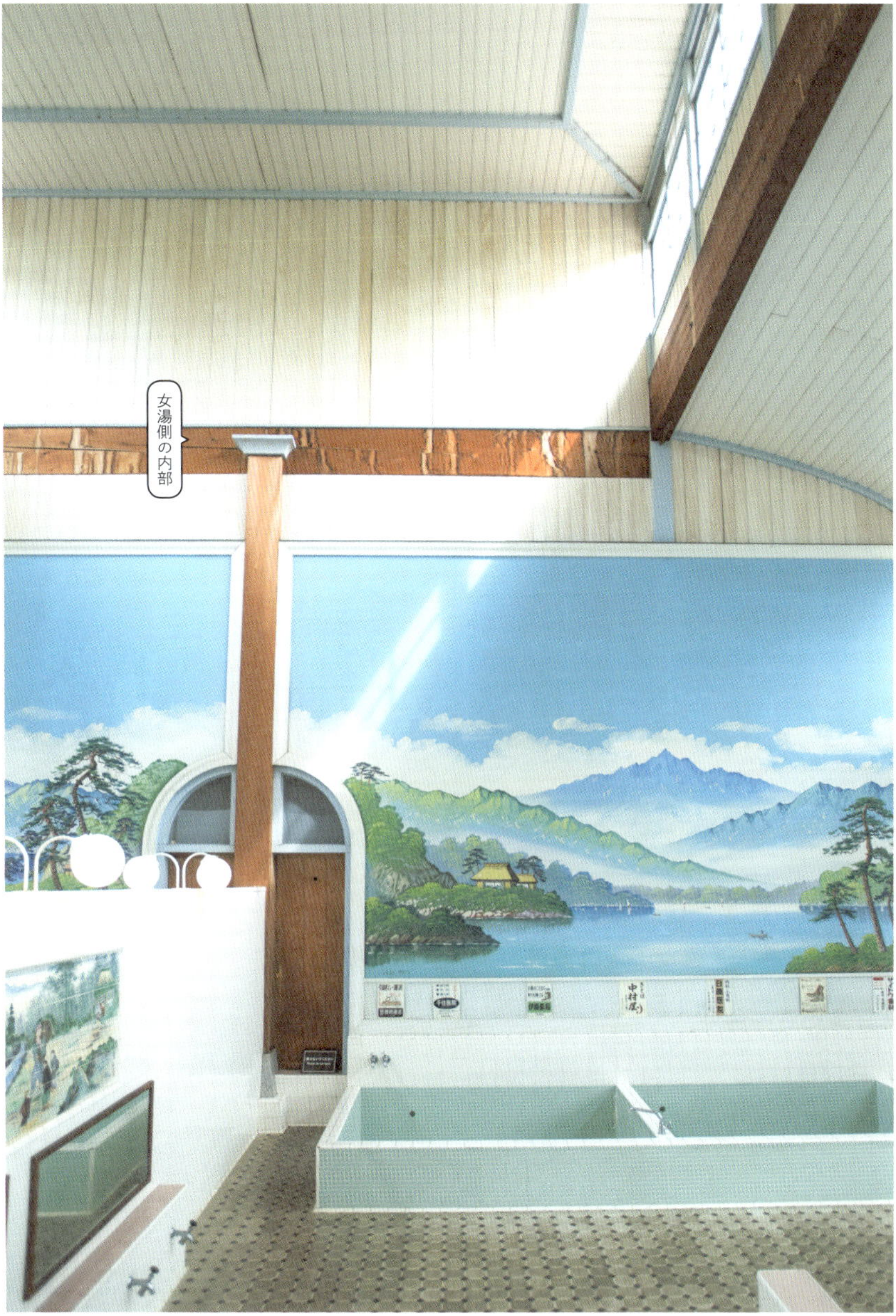

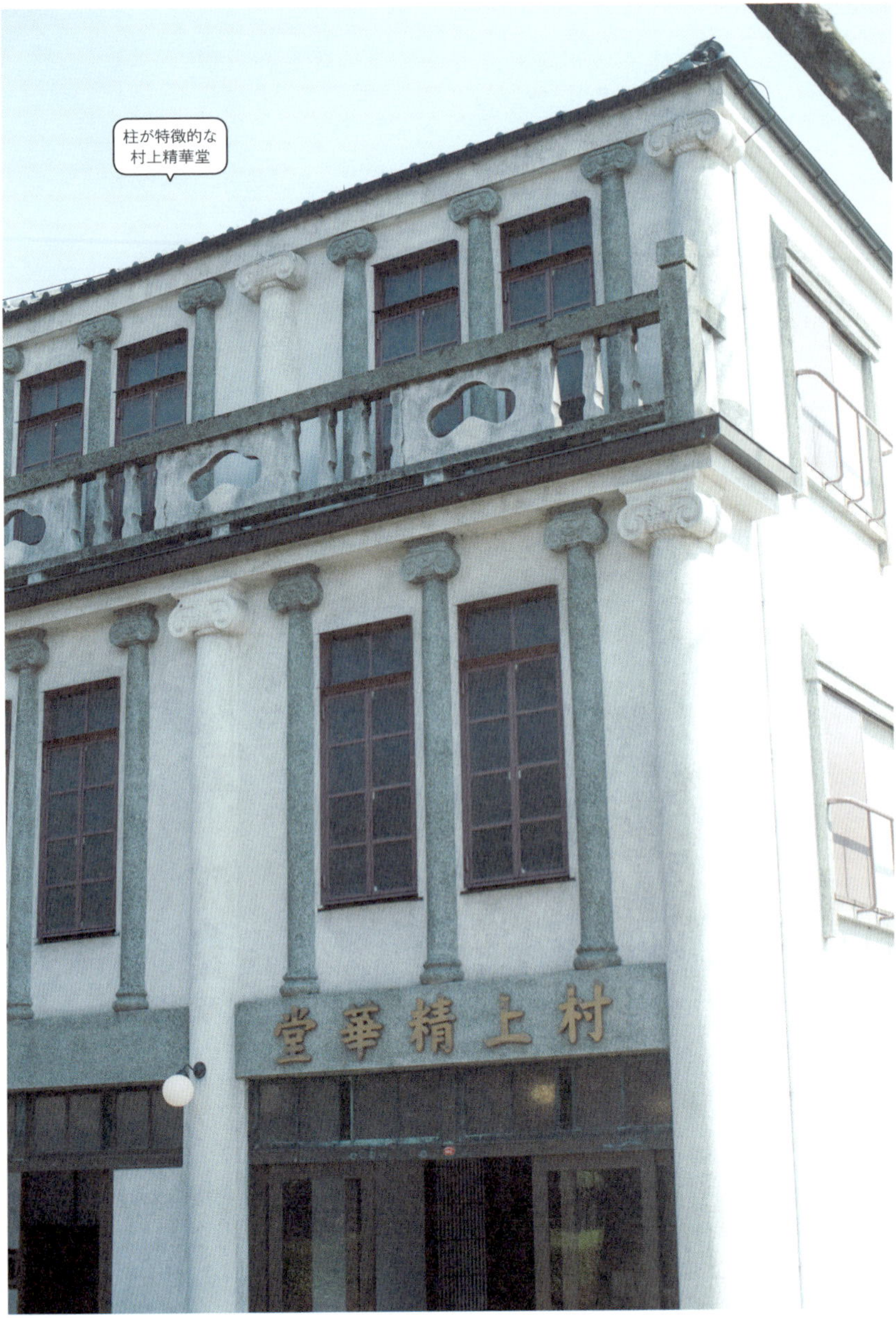

柱が特徴的な
村上精華堂

（P158）人造石洗い出しでイオニア式の柱を持つ、モダンな造りの小間物屋（化粧品屋）「村上精華堂」。

（上）「鍵屋」は昭和45年頃の姿に復元している。

アクセス：JR中央線「武蔵小金井」駅北口からバス5分。西武バス「武12」番系統または「武21」系統「東久留米駅ほか」行に乗り「小金井公園西口」停留所下車、徒歩5分。関東バス「鷹33」番系統「三鷹駅・武蔵野営業所」行に乗り「江戸東京たてもの園前」下車、徒歩3分。※西武新宿線「花小金井」駅からもバスあり
設計者：前川國男ほか多数
竣工年：1942年（前川國男邸）、1925年（田園調布の家）ほか多数

カブトビールのポスター

（右）園内は建物も庭も掃除や手入れが行き届き、大切に保存されている。
（左）「鍵屋」には、内田百閒はじめ、数々の芸術家や文化人が訪れた。

田園調布の家

開園時間：9:30-17:30（10～3月は16:30まで）※入園は閉園30分前まで
休園日：月曜日（祝日の場合は開園、翌日休園）、年末年始
入園料：大人400円、65歳以上200円、大学生（専門・各種含む）320円、高校生・中学生（都外在住）200円、中学生（都内在学もしくは在住）・小学生・未就学児童は無料

（右上）大正14年に建てられた「田園調布の家」。**（左上）**居間の照明。　**（右下）**台所・食堂間のハッチにより主婦が家事をしやすい間取りに。**（左下）**土台の換気口のデザインもモダン。**（P 161）**神戸の「風見鶏の館」を手がけたドイツ人建築家が暮らした「デ・ラランデ邸」。

キッチンから
リビングが見える

デ・ラランデ邸

大正初期頃の雰囲気を復元した邸宅で味わうカルピスの味

武蔵野茶房

「特製おいものパフェ」（850円）と、「ミルクカルピス」（600円）。カルピスは、昭和31年から乳酸菌飲料カルピスの発明者がこの建物を住居として使用し、その後は会社の事務所だったことにちなむメニュー。

明治時代の気象学者が設計した平屋建ての洋館を、ドイツ人建築家が3階建てに増築した「デ・ラランデ邸」。下見板張りの外壁と、スレート葺きのマンサード（ギャンブレル）屋根が特徴的。園内には複数飲食店があるが、復元建造物内のカフェとしては園内唯一の「武蔵野茶房」が入り、食堂や居間だった邸内や、周囲の建造物を見渡せるテラスで、お茶や食事が楽しめる。コーヒー、ケーキ、ハヤシライスなどの軽食の他、ドイツビールやワインもメニューに。

㊢ 042-387-5230
㊔ 4-9月 | 10:30-17:00（L.O.16:30）
10-3月 | 10:30-16:30（L.O.16:00）
㊡ 江戸東京たてもの園に準ずる

№ 21

自由学園 明日館

Jiyu Gakuen Myonichikan

< 池袋 >

東京都豊島区西池袋2-31-3

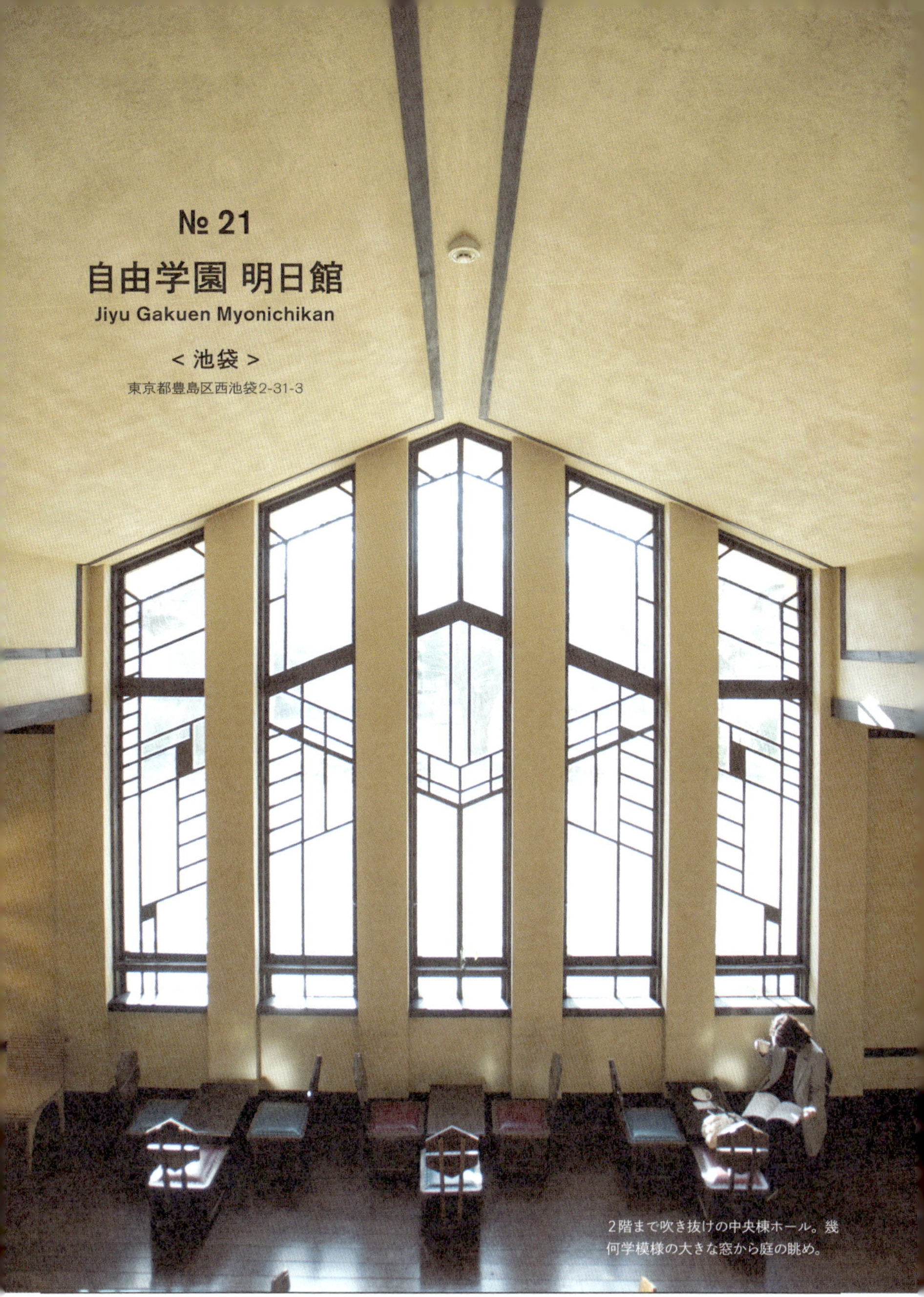

2階まで吹き抜けの中央棟ホール。幾何学模様の大きな窓から庭の眺め。

照明もライトのデザイン

動態保存のモデルになったライト建築

　大正デモクラシーのさなか、新しい教育の実現を目的に創立した自由学園の校舎。手がけたのは近代建築の巨匠、フランク・ロイド・ライト。昭和初期には学園の移転を機に旧校舎を明日館《みょうにちかん》と名付け、主に卒業生の事業活動の場に。平成になり国の重要文化財に指定されてから、「使いながら保存する文化財」として、お茶やお酒付きの見学、結婚式、展示会、公開講座、コンサートなど開催されている。

　中央棟を中心に左右シンメトリーに教室棟を配置した、木造漆喰塗のプレイリースタイル（草原様式）の建物は、高さを抑えて水平に伸びる屋根、窓や扉の幾何学的なデザイン、床に段差をつけた空間構成が特徴。窓から差し込む光や夜の灯で異なる表情が浮かび、清らかな気配が漂う。

(P164) 暖炉がある中央棟食堂。幾何学的な装飾を多用し、変化に富む空間に。 (上) 暖炉のある中央棟ホールでは、礼拝がおこなわれていた。(右下) 壁・天井ともに漆喰塗りで仕上げた教室。(左下) 中央棟ホールの西側の壁画は、旧約聖書「出エジプト記」の一節を生徒が描いた。

ゲートや扉の意匠も見所

(右) 教室の扉の上には教室名を記したプレートが。「Manana」はスペイン語で明日を意味する。　**(中)** 中央棟教室の廊下から玄関を見ると、庭と玄関に高低差がなく、地面や自然と一体化しているのが分かる。　**(左)** 左右対称の位置に2箇所あるゲート。

アクセス：JR「池袋」駅（メトロポリタン口）より徒歩5分、JR「目白」駅より徒歩7分
設計者：フランク・ロイド・ライト
竣工年：1921年
開館時間：10:00-16:00、土日祝10:00-17:00（不定期開催のため要問合せ）、毎月金曜日のみ夜間見学18:00-21:00
※いずれも入館は閉館30分前まで
休館日：月曜日（祝日の場合は開館、翌日休館）、年末年始
入館料：喫茶付見学600円、見学のみ400円、中学生以下無料

(右) 室内外に大谷石を多用しているのはライト建築の特徴。　**(左)** 中央棟ホールと食堂に続く玄関。内側には下駄箱と傘立てが造り付けに。　**(P167)** 中央棟の中央部。保存修理工事でオリジナルデザインに修復。

本館の向かいには遠藤新設計の講堂も

草原色の屋根

礼拝が行われたホールで見学後にティータイム

ホール喫茶スペース

喫茶付見学チケットでは、コーヒーまたは紅茶と焼菓子が味わえる。学園の卒業生が手作りするクッキーも日によってメニューに。敷地の一角にある「JMショップ」では、食事研究グループ特製の缶入りクッキーを販売。

見学のみのチケットもあるけれど、「喫茶付見学」チケットを求めると、館内を自由に見学したあと、中央棟ホールでオリジナルデザインの六角椅子に座りお茶ができる。時とともに窓から差し込む光が表情を変える、ロマンチックな空間で、ゆったりとしたひとときを。毎月第3金曜日におこなわれる夜間見学では「お酒付見学」チケットを販売。毎開館日、14時からのガイドツアーでは、建築はもちろん、設計者のF・L・ライトや遠藤新の話を交えた案内を開催。

㊔ 03-3971-7535
㊖㊡ 自由学園明日館に準ずる

№ 22

小笠原伯爵邸

Ogasawara Hakushakutei

< 河田町 >

東京都新宿区河田町 10-10

シガールームの外壁。小森忍タイル作品を、陶芸家・奥田武彦・直子夫婦が修復。

(右) エントランスの扉上部にある、鉄でできた小鳥のモチーフの明かり取り。邸内には随所に小鳥のモチーフが。 **(左)** 葡萄の、蔦、葉、実を一面にデザインした外ひさし。 **(P171)** レストランのテラス席。昔はベランダで、親しい身内だけの食事をする場所に利用されることもあった。

毎日が晩餐会のような元伯爵邸レストラン

小笠原家30代当主・小笠原長幹伯爵の本邸として昭和2年に建てられた邸宅。パティオや屋上庭園を配したスパニッシュ様式の建物は、華麗に貴族が集う社交場だった。

設計は、慶應義塾図書館旧館で知られる曾禰中條《そねちゅうじょう》建築事務所。戦後米軍に接収されるなどを経て、修復を条件に民間に貸し出すことに。改修により瀟洒な元の姿が蘇り、現在のレストランになった。

別名「小鳥の館」と呼ばれたゆえんは、邸内随所に小鳥のモチーフがちりばめられているから。特に、かつては男性のみが使用できたシガールームの外壁は、館においてシンボリックな存在。太陽、花、果実、鳥などで、「生命の賛歌」を描いた1600もの陶器モザイクが、かつての日々を語らうようにきらめいている。

オリーブの樹がある庭を望むベランダ

女性専用の華やかな化粧室

アクセス：都営地下鉄大江戸線「若松河田」駅（河田口出口）より徒歩1分
設計者：曾禰中條建築事務所
竣工年：1927年

（右上）照明器具や家具はヨーロッパから取り寄せている。　**（左上）**かつての応接間には、昭和初期を代表するステンドグラス作家・小川三知の小花のステンドグラスが。

何匹もの鳩が天に舞う風景

（P172）昔は談話室だった部屋を、贅沢な広さで、華やかに家具を配した女性専用化粧室に改造。　**（右下）**スペイン風の建築の特徴である中庭の、屋上庭園につながる階段。　**（左下）**小川三知のステンドグラス作品をイタリアで復元。

イスラム風に作られたシガールーム。
床は大理石で模様が描かれている。

スパニッシュ様式の館の中で スペイン料理やワインを楽しむ

小笠原伯爵邸　OGA BAR

カフェ利用ができる「OGA BAR」で、パティシエ特製の「ケーキセット」（972円）を。写真は、上がメレンゲで中がレモンクリームのシトロンタルト。数種類の焼き菓子の「小菓子セット」（1404円）もおすすめ。

贅を尽くしたスペイン風の洋館の中で、ランチとディナーが味わえる小笠原伯爵邸。レストランで味わえるのはコース料理のみ。もう少しカジュアルに歴史ある建物で、お茶やスペインワインを楽しみたいという方は、レストランとは別の部屋に用意された缶詰バル＆カフェ「OGA BAR」へ。スペインの缶詰とグラスワインや、シェフパティシエによるケーキや焼き菓子も楽しめる。気候がいい時期には、スパニッシュ建築を象徴する中庭で、ひとときを過ごしても。缶詰はおみやげに購入もできる。

小菓子セット

㊔ 03-3359-5830
㊖ ランチ | 11:30-15:00
ディナー | 18:00-23:00
※「OGA BAR by 小笠原伯爵邸」は11:30-20:00（L.O.19:30）
㊡ 無休

モリス館とも呼ばれる本館一号館。フランス積みの赤レンガに中央の時計台が映える。

№ 23
立教大学
Rikkyo University

< 池袋 >

東京都豊島区西池袋3-34-1

凛と美しいカレッジ・ゴシックの建築群

中央に時計を配した本館、元は寄宿舎だった二・三号館、映画『ハリー・ポッター』の世界のような第一食堂、パイプオルガンのある礼拝堂、旧図書館の面影が残る展示館、築地から池袋に移転した大正7年当時の建築群が残る、立教大学池袋キャンパス。「フランス積み」と呼ばれる組積法で構築された、レンガに絡まる蔦の一部は近くの自由学園明日館から移植したもの。本館前には樹齢約１００年のヒマラヤ杉がそびえ、戦後まもない頃からクリスマスイルミネーションが灯された。

カレッジ・ゴシック様式を取り入れた校舎を設計したのは、マーフィとダナという二人のアメリカ人建築家。

また、キャンパスに隣接する旧江戸川乱歩邸と土蔵を所有し、一般公開している。

(右) 第一食堂入口。扉の上にラテン語で「食欲は理性に従うべし」と書かれている。 **(左上)** ユリのマークが入った第一食堂の椅子。**(左下)** 本館一号館のアーチの下。教室に続く階段が。 **(P179)** 第一食堂は、食事の場以外にも、キリスト教の儀式などを行うことも想定して作られた。

ハリー・ポッターの世界

授業と授業の間にベンチで休憩

(右上) 全て本館（一号館・モリス館）。漆喰の壁に手すりが映える。　**(左上)** 美しくデザインされた階段の手すり。　**(右中)** 階段の踊り場と教室の廊下の間には扉が。　**(左中)** 教会のように静謐な雰囲気が漂う廊下。教室の机と椅子にもユリのマークが入っている。　**(左下)** 階段の脇にあるベンチ。休み時間に読書する学生も。ゆったりと空間が取られているので、伸びやかな心持ちで勉学に打ち込める。

丹下健三設計の
旧図書館新館

(右) メーザーライブラリー記念館旧館。学校の歴史を貴重な資料とともに展示する立教学院展示館がある。90年余り図書館として使われた趣ある建物。 **(左)** 昭和35年に丹下健三の設計で建てられた。以前は図書館で、現在は学生の学習施設に。

旧江戸川乱歩邸にも立ち寄り

立教大学のキャンパスに隣接して建つ旧江戸川乱歩邸。推理小説家が昭和9年から暮らした邸宅と、書庫として使用されていた土蔵が立教大学に譲渡され、曜日限定で一般公開。建物の外から内部を見学できる。

蔵書がぎっしり

乱歩邸の土蔵

旧江戸川乱歩邸
(大衆文化研究センター)
㊪ 水・金曜日の10:30-16:00

ステンドグラスが美しい、立教学院諸聖徒礼拝堂（チャペル）。

チャペルには3つの

チャペルの2階会衆席後部のステンドグラス。ユリをブドウの実と葉が囲む。

アクセス：JR・東京メトロ副都心線・丸ノ内線・有楽町線・西武池袋線・東武東上線「池袋」駅（西口）より徒歩7分
設計者：マーフィー＆ダナ建築事務所、丹下健三（旧図書館本館［新館］）
竣工年：1918年、1960年（旧図書館本館［新館］）

（上） チャペルの2階会衆席（通常は立ち入り不可）。 **（右）** 鷲の姿の聖書台。英国聖公会マンチェスター教区大聖堂から贈られたという。 **（下）** イギリスのティッケル社が製作した、イギリス・ロマン派様式のパイプオルガン。

長嶋茂雄氏も愛した 学食のカツ丼の素朴な味

第一食堂

立教大学の卒業生を代表する、元プロ野球選手・長嶋茂雄氏が愛したことで知られる「カツ丼」（３７０円）。肉厚の肩ロース肉を使い、当時から変わらぬレシピ。安くて、おいしくて、ボリュームがあって、今も学生に大人気。

(営) 月-金 | 8:30-17:30
土 | 10:00-17:30
※長期休暇時は営業時間の変更あり
(休) 日曜日、祝日、前日休講日

中世のゴシック様式を取り入れた、物語の一場面のような美しい学食。かつてはここで卒業式などの式典が行われたこともあったそう。和洋中と豊富なメニューは、学生たちの栄養バランスを考えた品揃え。ボリュームいっぱいの定食にも母性がにじむ。大学の主役は勉学に勤しむ学生たち。キャンパスの一部を見学できたり、地域の人のために一般利用も容認される学食があるけれど、学生のことを第一に考え、礼節ある見学や利用を。

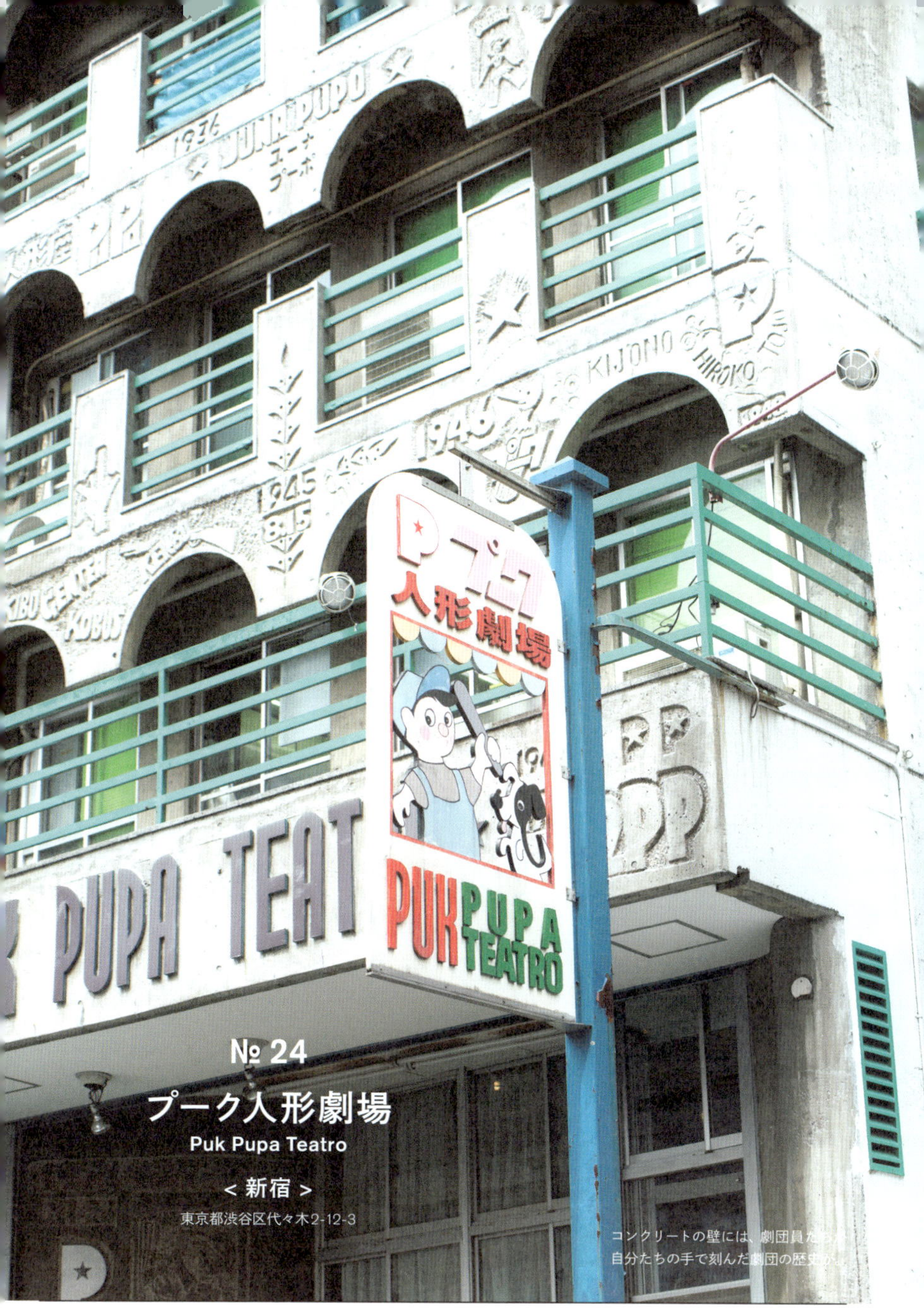

№ 24

プーク人形劇場

Puk Pupa Teatro

＜新宿＞

東京都渋谷区代々木2-12-3

コンクリートの壁には、劇団員たちが
自分たちの手で刻んだ劇団の歴史が。

「くまの子ウーフ」のリハーサル中

高層ビルが林立する南新宿の一角に佇む、不思議な趣のビル。おとぎの国から飛び出てきたような建物の正体は、日本初の現代人形劇専門劇場。コンクリートの外壁には、エスペラント語で人形クラブを意味する劇団名や、劇団の歴史を表す年号が刻まれている。

第一次世界大戦後、ヨーロッパで起こった芸術運動に影響を受け、日本でも現代人形劇のグループが相次いで誕生。そんな流れの中、昭和4年に創立した「人形劇団プーク」。戦前から戦後は過酷な活動条件ながら、全国の学校やホールで活動を重ね、テレビでも活躍。昭和46年には、稽古場があった40坪の敷地に、地上5階、地下3階の劇場が完成。こぢんまりとした舞台だけれど、子ども、団員、人形たちの夢がいっぱい詰まっている。

新宿のビルの谷間で人形たちが輝く劇場

(P186) 地下1・2階の客席は全部で106席。人形芝居の他、演劇、落語、映画や講演会も催される。 **(右)** 地下の客席に続く階段の途中には、絵本作家・画家の宮本忠夫氏の作品が。 **(左)** 1階ロビー「人形の窓」では、世界の人形や劇団グッズを販売。営業時間は190頁の「コーヒー プンクト」と同じ。

公演のチラシ

（右上） 8階建ての建物内部の各所に、国内外の人形が一休みしている。 **（左上）** 人形劇場を立体的に紙で制作したのは、器用な劇団のスタッフ。 **（右下）**「人形の窓」で販売する、昔のバッジやブローチ。 **（左下）** ビルの裏の搬入口。地下の奈落へと人形や舞台セットをここから運び込む。

（右） コンクリート打ちっ放しの壁に歴史を刻んでいるところ。左が劇団創立者の兄から受け継ぎ、プーク人形劇団を主宰した故・川尻泰司。　**（左）** 劇場や5階のレンタルホールは一般にも貸し出ししている。
※写真提供／プーク人形劇場

アクセス：JR「新宿」駅（南口）より徒歩7分、都営新宿線「新宿」駅（6番出口）より徒歩1分、都営大江戸線「新宿」駅（A-1出口）より徒歩1分
設計者：片岡正路
竣工年：1971年

（右上） 日本で最も歴史のある人形劇団・プーク人形劇場完成記念のパンフレット。**（右下）** 子どもが座りやすいように作られている、劇場の客席。　**（左）** ビルの耐震検査のために開けた穴の中に、ネズミの人形を入れてユーモラスに演出。

新宿のビルの谷間で人形に囲まれ一休み

コーヒー プンクト

1階ロビーの「コーヒー プンクト」。入口のテラス席で味わったのは、ざくろ、いちご、カシスなどフレーバーが選べる「イタリアンソーダ」（380円～）。本日のコーヒーやエスプレッソ、コーヒー以外の飲み物もあり。

ヨーロッパの劇場にはたいていカフェがあり、その日に公演を観るわけではない人も、日常的に劇場に出入りしてコーヒーを味わう。そんな海外の風習に倣い、劇場開業時から26年間は、ビルの2階に「喫茶プーポ」という喫茶店があった。そこが閉店してから20年近くたち、1階ロビーにコーヒースタンド「コーヒー プンクト」がオープン。店名はエスペラント後で、“コーヒーのあるポイント”を意味する。近所に勤めるサラリーマンも気軽に立ち寄り、ロビーやテラスでお茶する光景がなんとも和やか。

(電) 03-3379-0234
(営) 8:00 -18:00
(休) 年末年始

カフェのマスコット人形

茅葺屋根の母屋は、寄せ棟造りで、東側裏面兜造り。元は養蚕農家だった。

№ 25
旧白洲邸 武相荘
Buaiso

< 町田 >

東京都町田市能ヶ谷7-3-2

ハシゴの上は
かつての蚕室

（P192）牛が住んでいた土間を洋間に改装し、居間兼応接間に使用。　**（右上）**壁を飾るのは、額装した指物と楽譜。　**（右下）**臼を再利用した、門の前の新聞受け。看板は白洲次郎の手作り。　**（左）**白洲正子が生前の頃より、遠方から萱葺き職人を呼び寄せて萱替えをしていた。

洗練された古民家暮らしの先駆け

独自の審美眼で当代一の目利きと称され、古典美への意識が高い人々からカリスマとして一目置かれる随筆家・白洲正子。戦時中、夫・次郎と移り住んだ元農家の住居が、記念館として公開されている。

武蔵と相模の境に位置することと、〝無愛想〟をかけて、「武相荘」と名付けた邸宅。「田の字に作ってある農家は、その点都合がいい。いくらでも自由がきくし、いじくり廻せる。ひと口にいえば、自然の野山のように、無駄が多いのである」と書いた正子。幕末～明治初期頃にできた家は、築古ながら骨組みが頑丈で、好きなように手を加えられる隙がある。土間を洋間に、老人の隠居部屋を書斎に、穀物蔵を物置に造り変えて過ごす日々。家も人と同じように、成長するのだと気がつく。

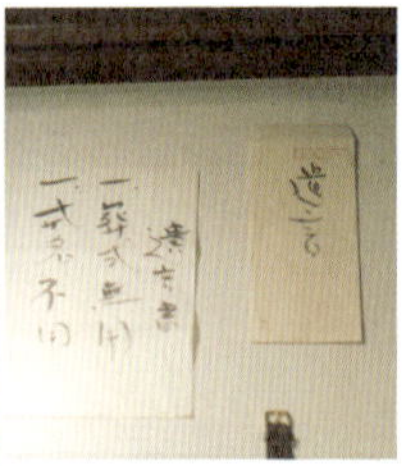

(右) 茅葺屋根の母屋をミュージアムに。夫婦の遺書や愛用品などを展示。 (左) 正子は、主屋の奥の北向きの小さな部屋を書斎にしていた。

(左)書斎の襖障子は、愛らしい松の模様。
(左下) 正子は日当たりのいい縁側で愛用の椅子に腰掛け、よく読書をしたという。
(P 195) 高床式の倉庫を改装し、ギャラリー兼バー「Play Fast」に。次郎愛用のバーカウンターを設置。

(右) レストランの棚に飾られている、フクロウの置物。

手前にあるのは次郎制作のパン箱

（上）次郎愛用のクラシックカーが停まる「ガレージカフェ」でも、お茶ができる。注文はレストランへ。（下）武相荘の館長を務めるのは、白洲家の長女・牧山佳子さんの夫である牧山圭男さん。陶芸家でもある館長の作品を、ミュージアムショップで求めることができる。

白洲夫婦の記念写真
主屋の縁側で撮影

アクセス：小田急線「鶴川」駅（北口）より徒歩15分
設計者：不詳
竣工年：不詳
開館時間：10:00-17:00（入館は16:00まで）
定休日：月曜日（祝日の場合は開館）、年末年始、冬季・夏季休館あり
入館料：1050円
※入館は中学生以上

おみやげも
かわいい

美食家・白洲家の食卓を味わう

レストラン&カフェ 武相荘

味噌汁・香付きの「次郎の親子丼」（2100円）は、白洲次郎が理事長を務めた「軽井沢ゴルフ倶楽部」のランチメニューを再現。蓋付どんぶりも、当時とほぼ同じものを復刻し、伊賀の土楽窯が製作。ショップでも販売する。

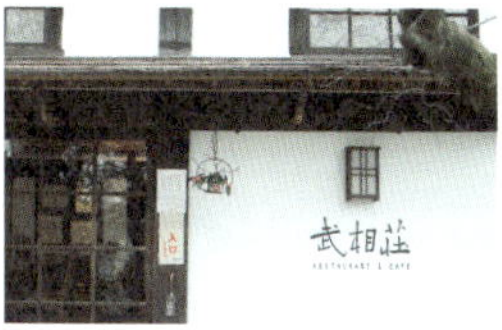

敷地内には母屋の他にも、庭に古い民家を移築し、食堂や、次郎の木工室、子ども部屋などに利用していた。今、レストランとして使われているのは、かつての次郎の木工室。家具の一部も、元は家族の愛用品。白洲家の息吹を感じながら、ランチ、カフェ、ディナー（コースのみ・要予約）を味わえる。ランチメニューには「武相荘の海老カレー」「次郎の親子丼」「次郎のクラブハウスサンドウィッチ」など、白洲家ゆかりの味もいろいろ。館長・牧山圭男さん作の器が料理を飾ることも。

㊟ 042-708-8633
㊖ 11:00-17:00（ランチL.O.15:00、カフェL.O.16:30）※要予約にてディナー営業あり（18:00-L.O.20:00）
㊡ 武相荘に準ずる

どら焼きも人気

が好きで、いいものに出会うと写真撮影。　15_今はなき集合住宅で前川國男設計のテラスハウス。建物があった頃はよく周辺を散歩した。　16_前川國男が手がけた、見どころあまたな建築を下から見上げる。　17_設計は坂倉準三。期間限定ですてきにライトアップされていた。18_壁のヒビを記すマスキングテープ？アーティスティックな風景に。

Column 3

東京ぶらり 建築＋喫茶店さんぽ

東京暮らしを始めた頃、
お金をかけない趣味の一つで、
建物や不思議な景色を撮影しながらよく歩いた。
散歩の途中、歩き疲れて喫茶店に入ることも。
今はなき懐かしい風景とともに、ご覧ください。

01　カヤバ珈琲／鶯谷

02　Café 1894／二重橋前

03　カド／押上

04　初音／人形町

05　東京會舘／丸の内

06　伯水堂／神保町

07　東京會舘／丸の内

08　グランドプリンスホテル新高輪／品川

09　らんぷる／新宿

(P198) 01 _大正時代の町家を昭和13年に喫茶店に。リノベは永山祐子氏。　02 _三菱一号館のカフェ。銀行営業室として利用されていた空間を復元。　03 _向島芸者に愛される瀟洒な喫茶店。設計者は志賀直哉の弟。　04 _江戸時代創業の甘味処。歌舞伎の「義経千本桜」に登場する「初音の鼓」にちなみ、鼓の紐・調緒の意匠が店の各所に。　05 _大好きだった、プティフール・ロワイヤル。(現在は販売終了)＊2019年1月にリオープン　06 _小津安二郎も愛した洋菓子店。喫茶スペースは少女漫画の世界。＊閉店　07 _谷口吉郎設計、猪熊弦一郎の壁画や照明があった2代目本舘。＊2019年1月にリオープン　08 _カフェ・エーデルワイス(現・スロープサイドダイナーザクロ)。ロマンチックな内装が好きだった。　09 _昭和25年創業、新宿最古の名曲喫茶。地下に広大な空間が。

(P199) 10 _昭和37年築。吉阪隆正設計のフランス語学校。東京一好きな建築。　11 _坂倉準三設計の新宿駅西口広場のタイルを、待ち受け画面に設定。　12 _アントニン・レーモンド設計。合掌造り風の礼拝堂のカラフルな色ガラスが特徴。　13 _雑貨店などが入る古いビル。いい顔(外観)をしています。　14 _ビルや駅のタイル画

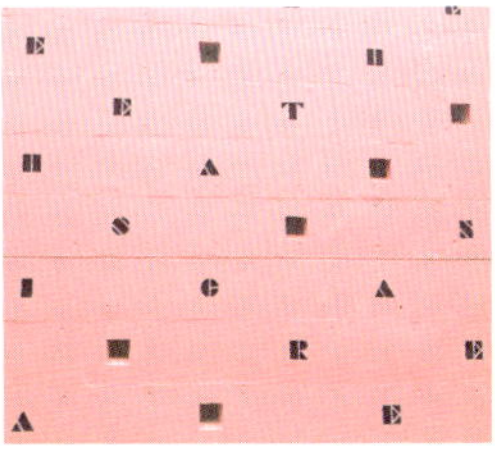

10　アテネ・フランセ／御茶ノ水

11　新宿駅西口広場／新宿

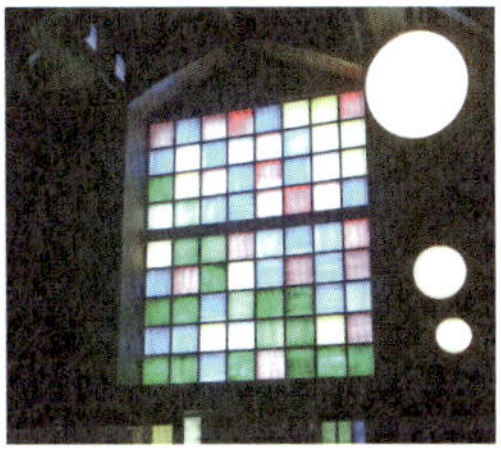

12　東京聖十字教会／松陰神社前

13　東京貴金属会館／蔵前

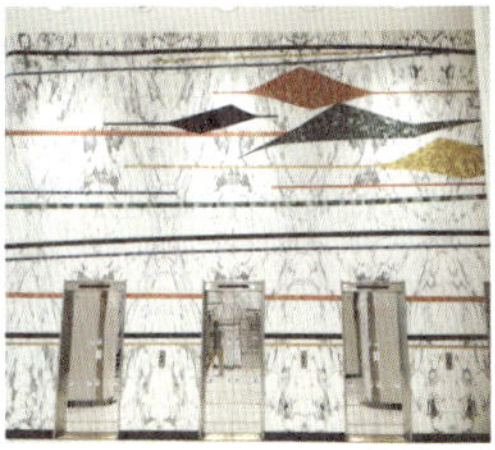

14　ビルのタイル／丸の内

15　阿佐ヶ谷住宅／阿佐ヶ谷

16　東京国立近代美術館／竹橋

17　小田急百貨店新宿店／新宿

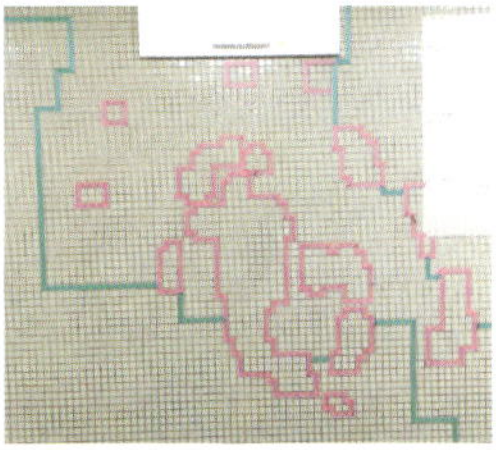

18　地下鉄通路／竹橋駅

写真：甲斐みのり

TOKYO
HISTORICAL
ARCHITECTURES
AND
CAFETERIAS

甲斐みのり（かい・みのり）

1976年静岡県生まれ。文筆家。旅、散歩、お菓子、手みやげ、建築など、女性が好み憧れるモノやコトを主な題材に、書籍や雑誌に執筆。著作に『一泊二日 観光ホテル旅案内』（京阪神エルマガジン社）、『クラシックホテル案内』（KKベストセラーズ）、『甲斐みのりの旅のしおり』（小学館）、『地元パン手帖』（グラフィック社）、『東海道新幹線 各駅停車の旅』『電車でめぐる富士山の旅』（共にウェッジ）他多数。

歩いて、食べる
東京のおいしい名建築さんぽ

2018年 6 月18日　初版第1刷発行
2020年10月 6 日　　　第5刷発行

著者　　甲斐みのり

発行者　　澤井聖一

発行所　　株式会社エクスナレッジ
〒106-0032　東京都港区六本木7-2-26
https://www.xknowledge.co.jp/

問合せ先　　編集：Tel 03-3403-1381／Fax 03-3403-1345／info@xknowledge.co.jp
販売：Fax 03-3403-1829

無断転載の禁止
本書の内容（本文、写真、図表、イラスト等）を、当社および著作権者の承諾なしに無断で転載（翻訳、複写、データベースへの入力、インターネットでの掲載等）することを禁じます。